DESPERTANDO O Espiritual

DESPERTANDO O ESPIRITUAL

com

OSMAR BARBOSA

Book Espírita Editora
1ª Edição
| Rio de Janeiro | 2022 |

BOOK ESPÍRITA EDITORA

Capa
Marco Mancen

Projeto Gráfico e Diagramação
Marco Mancen

Imagens capa
Depositphotos

Revisão
Camila Coutinho

Marketing e Comercial
Michelle Santos

Pedidos de Livros e Contato Editorial
comercial@bookespirita.com.br

Região Oceânica, Niterói,
Rio de Janeiro.

1ª edição
Prefixo Editorial: 991053
Impresso no Brasil

Dados Internacionais de Catalogação na Publicação (CIP)
(Câmara Brasileira do Livro, SP, Brasil)

Barbosa, Osmar
Despertando o espiritual / Osmar Barbosa. -- 1. ed. -- Niterói, RJ : Ed. do Autor, 2022.

ISBN 978-65-89628-21-7

1. Autoajuda 2. Autoconhecimento 3. Desenvolvimento pessoal 4. Doutrina espírita 5. Espiritismo 6. Mediunidade I. Título.

22-132685 CDD-133.901

Índices para catálogo sistemático:

1. Espiritismo : Doutrina espírita 133.901

Aline Graziele Benitez - Bibliotecária - CRB-1/3129

BOOK ESPÍRITA
EDITORA

Outros livros psicografados por Osmar Barbosa

Cinco Dias no Umbral

Gitano – As Vidas do Cigano Rodrigo

O Guardião da Luz

Orai & Vigiai

Colônia Espiritual Amor e Caridade

Ondas da Vida

Antes que a Morte nos Separe

Além do Ser – A História de um Suicida

A Batalha dos Iluminados

Joana D'Arc – O Amor Venceu

Eu Sou Exu

500 Almas

Cinco Dias no Umbral – O Resgate

Entre nossas Vidas

O Amanhã nos Pertence

O Lado Azul da Vida

Mãe,Voltei!

Depois

O Lado Oculto da Vida

Entrevista com Espíritos – Os Bastidores do Centro Espírita

Colônia Espiritual Amor e Caridade – Dias de Luz

O Médico de Deus

Amigo Fiel

Impuros – A Legião de Exus

Vinde à Mim

Autismo – A escolha de Nicolas

Umbanda para Iniciantes

Parafraseando Chico Xavier

Cinco Dias no Umbral – O Perdão

Acordei no Umbral

A Rosa do Cairo

Deixe-me Nascer

Obssessor

Regeneração – Uma Nova Era

Deametria – Hospital Espiritual Amor e Caridade

A Vida depois da Morte

Deametria – A Desobsessão Modernizada

O Suicídio de Ana

Cinco Dias no Umbral – O Limite

Guardião – Exu

Colônia Espiritual Laços Eternos

Agradecimentos

Agradeço, primeiramente, a Deus, por ter me concedido esse verdadeiro privilégio de servir humildemente como um mero instrumento dos planos superiores.

A Jesus Cristo, espírito modelo, por guiar, conduzir e inspirar meus passos nessa desafiadora jornada terrena.

Agradeço aos meus mentores e aos demais espíritos ao lado dos quais estou nessa escola terrestre. Agradeço também pela oportunidade e por permitirem que essas humildes palavras, registradas neste livro, ajudem as pessoas a refletirem sobre suas atitudes, evoluindo.

A minha família pela cumplicidade, compreensão e dedicação. Sem vocês ao meu lado, me dando todo tipo de suporte, nada disso seria possível.

E a você, leitor amigo, que comprou este livro, e com a sua colaboração nos ajudará a levar a Doutrina Espírita e todos os seus benefícios e ensinamentos para mais e mais pessoas.

Obrigado!

A todos, os meus mais sinceros agradecimentos.

Osmar Barbosa

Após vivenciar três experiências de quase morte, **Osmar Barbosa** iniciou sua trajetória espiritual. E foi nas obras do iluminado Chico Xavier e do professor Allan Kardec que encontrou as respostas para seus questionamentos mais profundos. Uma coisa é certa: a vida não se resume a esta vida.

E foi pelo aprofundamento da doutrina espírita que passou a utilizar-se de seu dom mediúnico para auxiliar aqueles que buscam, por meio das obras psicografadas por ele, a tão desejada evolução espiritual.

Hoje, Osmar Barbosa é presidente da Fraternidade Espírita Amor & Caridade, obra assistencialista localizada na cidade de Niterói no estado do Rio de Janeiro, onde atende a milhares de pessoas que necessitam de ajuda.

Casado, pai de cinco filhos, segue adiante na sua missão com muita humildade e resignação, buscando sempre evoluir espiritualmente, confiando em Jesus e na Lei Divina.

Conheça um pouco mais de Osmar Barbosa:
www.osmarbarbosa.com.br

Sumário

"Creia, somente você pode mudar seu destino."

Osmar Barbosa

Prefácio

O conhecimento, a sabedoria, as mensagens que recebo dos planos espirituais, aquilo que aprendi e aprendo todos os dias em minha encarnação, tudo isso deve ser difundido, pois, escondido, trancado a sete chaves, ou restrito a um grupo limitado de pessoas, não serve à humanidade, muito menos guardado em mim. Essa atitude vai contra o princípio divino de que tudo pertence a todos e, portanto, é de livre acesso; é meu dever instruir os meus alunos, leitores, familiares e amigos; divulgar e distribuir, é o meu dever.

"Aquele que guarda para si o aprendizado da vida,
na morte será esquecido."

Você pode não entender algumas coisas no começo deste livro, mas elas serão esclarecidas em detalhes mais adiante. Não interrompa a leitura por esse motivo, pois há um conteúdo riquíssimo e transformador nas páginas a seguir.

Se você notar, ainda, alguma incoerência entre os textos desta obra, não se surpreenda, pois eu também estou em evolução.

Nos próximos capítulos você entrará em uma jornada na qual seu "Eu espiritual" começará a despertar sentimentos e emoções os quais você não tem sentido nos últimos anos, ou até mesmo nunca os sentiu.

Neste corpo físico que aqui escreve há um espírito eterno consciente da necessidade de sua evolução espiritual, portanto, é por meio do esforço e da mudança de tudo dentro de mim, que atinjo os meus objetivos evolutivos. Todos os dias, modifico um pouco a mim mesmo, e assim cumpro os propósitos da minha encarnação. Se estou aqui é porque há um motivo e, se há um motivo, tenho a obrigação de me compreender e me transformar diariamente.

A minha intenção é despertar em você tudo aquilo que eu já descobri em mim, e levá-lo a uma consciência plena, a uma vida sem tropeços e cheia de surpresas e alegrias, fique certo disso!

Você se conhece?

Sugiro a você que leia este livro várias vezes, para gravar bem aquilo que já é realidade em mim, e é possível ser uma realidade em você também. São coisas que aprendi nesses meus mais de 60 anos de idade dedicados ao estudo pessoal, ao estudo de minha vida, do mundo em que vivo, das pessoas que me cercam e da espiritualidade abraçada a mim desde menino, e, obviamente, colocar toda essa teoria em prática, isso sim vai te fazer muito bem, além, é claro, de despertar em você aquilo que realmente você é, transformando-se integralmente.

Quero aproveitar estas linhas para agradecer a todos que a

vida pôs no meu caminho, como meus pais, meus filhos, minha esposa, meus amigos, colegas, guias e mentores espirituais; também aos desconhecidos, e a todos aqueles que puseram obstáculos e dificuldades em minha caminhada, pois todos contribuíram para eu ser quem sou hoje.

Espero que este livro cumpra com o seu objetivo, que é o de ajudar as pessoas em seu despertar espiritual. Se este livro despertar a sua consciência e a sua espiritualidade plena, e mudar a sua vida para melhor, já terá valido a pena todo o meu esforço, empenho e horas dedicadas a este trabalho. As críticas também são bem-vindas, claro, aquelas que me ajudaram a ser melhor, pois não posso agradar a todos, mas quero melhorar os meus conceitos, as minhas atitudes e a minha encarnação. Sou um eterno aprendiz e tenho plena consciência disso.

Nesta obra, vou compartilhar com todos vocês a minha visão de vida. Não foi fácil chegar onde estou e, certamente, não será fácil para você também, mas precisamos dar os primeiros passos na busca do autoconhecimento, do despertar necessário a uma vida plena, sem sofrimentos, lamentações, tristezas, fracassos, pobreza e desânimo; este é o intuito deste livro.

Eu aprendi com a vida que para conseguirmos realizar os nossos objetivos é necessário que tenhamos disciplina, sim, disciplina. Muita disciplina... e foi ela que me guiou até aqui e, certamente, guiará você também.

É de suma importância, inclusive, que você se coloque na posição correta. As nossas conquistas não estão em nenhuma árvore frutífera, ou seja, somos nós que precisamos conquistá-las com muita dedicação, esforço e, acima de tudo, aceitar que devemos mudar muita coisa em nós mesmos. Não ter medo do primeiro passo, pois ele é o mais importante nessa jornada transformadora.

"Se desejamos um bom fruto, precisamos plantar a árvore primeiro."

Precisamos compreender e aceitar de forma consciente o nosso lugar neste mundo. Posicionar-se corretamente. Despertar para o conhecimento de que somos espíritos expiando temporariamente em solo terreno para nos tornarmos melhores. Para sermos perfeitos. Creia nisso! Você não é o que pensa ser...

Temos de acreditar que há algo além das nossas realidades atuais, pois há uma vida para os espíritos que daqui saem, e esse lugar não é uma utopia como a maioria daqueles que expiam com vocês acredita ser. A vida após a vida é real, assim como são reais as linhas que você está lendo agora.

Você compreenderá tudo isso ao longo deste livro. Tenho certeza de que se descortinarão à sua frente novos caminhos e novas realidades, e posso te garantir que isso é transformador.

Seja bem-vindo ao livro *Despertando a Espiritualidade, com Osmar Barbosa*.

Vamos em frente...

Um pouco de mim

Desde menino me relaciono com os espíritos. Lembro-me de que vivia agarrado às pernas da minha querida mãe, na tentativa de me proteger das perseguições e das visões que tanto atormentavam o meu viver.

O tempo foi passando e os espíritos resolveram me dar um pouco de paz. O mais engraçado é que eu nunca tive medo deles, embora, por vezes, as aparências fossem horríveis.

Acho muito importante falar para vocês que eu sempre fui e sou uma pessoa muito confiante, e não dou margem ao azar. Acredito que o pensamento é força motora em todos os momentos da vida. O pensamento me conecta à minha essência.

Sou o que penso, o que faço e o que exteriorizo, pois é por meio da exteriorização que as pessoas criam a imagem do que sou verdadeiramente. Elas podem me respeitar, me amar ou, simplesmente, me ignorar... tudo depende de mim.

Cada atitude positiva aproximará de mim coisas e pessoas positivas; o mesmo acontecerá com ações e pensamentos negativos. Por isso, trabalho muito em mim os sentimentos, e vigio demasiadamente os meus pensamentos.

Ao me conectar com a minha essência espiritual, descobri que tenho muitos poderes, e eles podem transformar tudo ao meu redor. Levo a vida conectado com o que realmente sou: um espírito que está expiando temporariamente na Terra para adquirir melhorias que serão muito úteis a mim na vida espiritual. É nisso que creio e é isso que pratico.

Isso... é um pouco de mim.

Osmar Barbosa

“

O primeiro passo é acreditar em si mesmo.

”

Osmar Barbosa

O princípio do despertar consciente

Um dos princípios para se levar uma vida de forma consciente, de estar bem consigo mesmo, com tudo e todos ao nosso redor, é simples: saber que você tem origem divina, que você é filho de Deus, e Deus é perfeito.

Sendo Ele perfeito, seu destino é a perfeição. Somos parte (partículas) de Deus, e a Ele todos nós retornaremos um dia.

Ao criar seus filhos (os espíritos), Deus deu a todos três qualidades: **liberdade**, **amor** e **vida**.

Ele deu a **liberdade** ampla e irrestrita, e também o livre-arbítrio, para que possamos expiar por meio das experiências boas e ruins e, através delas, nos melhorarmos todos os dias.

O **amor** é a maior força do Universo; objetivo primordial de toda a criação. Todos nós conquistaremos o amor pleno, tenha consciência disso. Cada um a seu tempo, com suas escolhas, mas são a elas que devemos respeitar primeiramente.

E, por último, a **vida**, essa mesma que você está vivendo agora e viverá quantas vezes forem necessárias ao seu aperfeiçoamento moral e intelectual, fique certo disso. Trocamos de corpo como trocamos de uniforme escolar, e trocamos de escola toda vez que somos reprovados na Lei Maior.

A verdade está em você. "Descubra a verdade e ela te libertará". Já dizia nosso amado irmão Jesus.

"Conhece-te a ti mesmo."

"Você É o que É."

Tudo depende somente de você, pois você se basta. Todas as respostas estão em você. A felicidade é o seu destino, e ela só depende de você. Acredite, ela está ao alcance de todos os espíritos.

Eu estou em Deus, e Ele está em mim.

Nós estamos e sempre estaremos na Unidade.

O nosso planeta está na Unidade.

Somos Uno.

Não existe sequer um espírito igual ao outro, pois somos semelhantes, mas não iguais. Um exemplo disso são irmãos gêmeos monozigóticos, também chamados de idênticos ou univitelinos, que têm corpos idênticos, se parecem um com o outro, mas possuem espíritos diferentes.

É preciso deixar de acreditar que o que você está vivendo é ilusão ou sonho. Tudo o que você vive é a realidade. Você pode tudo! Em um mundo imaginário tudo é possível criar, mas o mundo real é esse em que você está agora, é esse no qual vivemos todos os dias.

O seu pensamento cria e atrai tudo o que você quiser.

Somos cocriadores com o nosso Pai.

Criamos tudo a todo momento. Como nos disse Jesus: "Sois Deuses".

Assumir a responsabilidade por tudo o que você faz é o primeiro passo rumo a descoberta e ao despertar de si mesmo, para que seja possível viver uma nova realidade.

Manter o equilíbrio entre o espírito, a alma e o corpo físico é dever, e não é difícil alcançá-lo. Estou aqui para te guiar...

Tudo é relativo; nada é absoluto... a não ser o Amor.

Manter o silêncio a maior parte do tempo é, sem dúvida, o melhor exercício de aprendizado. Ouça muito e fale pouco. Viva o presente, o agora. Não crie falsas ilusões, não crie sonhos pelos quais você não irá realizar, não viva de fantasias. A vida cobra de nós o que nela colocamos em nossa realidade evolutiva.

"Comece agora mesmo a mudança, e seja você aquilo que deseja no outro."

Tenha consciência de que não há limitações para um espírito em evolução. As dificuldades são necessárias para a nossa evolução espiritual, e são elas que nos impulsionam a seguir em frente.

É importante sempre analisar o que os acontecimentos do passado e os atuais têm nos ensinado.

E por que eles acontecem?

Analise cada acontecimento da sua vida e pergunte a si mesmo: "O que esse fato quer me ensinar?".

"O que a vida quer me ensinar?"

"O que eu posso ou devo aprender com tudo o que acontece comigo?"

"Por que estou aqui?"

"Quem sou?"

"De onde vim?"

"Para onde vou?"

São tantos os questionamentos, não?

A causa de todos os nossos problemas está em nós mesmos, tenha certeza disso... e as soluções também. Assuma as suas responsabilidades e tudo se resolverá. Pare... pense... reflita... tenha calma... nada está ao acaso, creia nisso.

Não existem problemas, mas sim desafios, e o melhor da vida é vencer os desafios. O sabor da glória é doce, como o mais puro mel.

Seus pensamentos criam a sua realidade.

Sua ação, o efeito.

Você é criador.

Acredite nisso, transforme a sua vida, e o mundo ao seu redor se transformará.

Devemos enfrentar a vida com otimismo, coragem, bom humor e, acima de tudo, colocando em prática o amor incondicional. Acredite sempre na sua capacidade, e lembre-se de que você nunca está sozinho. Nunca mesmo... temos um passado espiritual que nos acompanha por toda a vida.

"O futuro será reflexo daquilo que você faz hoje. E, o hoje, é colheita do que você fez no passado."

Você sempre recebe ajuda, mesmo que seja somente as invisíveis aos seus olhos. Aquelas que, às vezes, você até percebe, mas ainda é incapaz de compreender. Sequer acreditar...

Entretanto, você acha mesmo que aqueles que morreram e te amavam tanto deixaram de te amar apenas por estarem em outro lugar?

"O amor é o único sentimento que levamos para a vida espiritual." Nina Brestonini

Estamos no Universo há milhares de anos. E o Universo está em nós... acredite!

Quando fomos criados, Deus nos criou para que nos aproximássemos d'Ele da forma mais perfeita possível. Ele tem um objetivo para cada um de seus filhos... a pureza espiritual é o nosso destino.

Preste atenção nos problemas, nos obstáculos e nas dificuldades: eles acontecem para te dar força, para te ensinar. Não viva a negatividade e o medo, pois você atrairá para si tudo o que você diz que não quer. Toda experiência, seja ela agradável ou dolorida, sempre será um aprendizado. É assim que a vida nos ensina. É assim que evoluímos.

Sorria para a vida. Seja alegre! Seja sempre positivo, e busque viver a alegria de estar expiando entre seus afins e entre outros espíritos que te ensinam e te melhoram todos os dias.

"Ame a Deus acima de tudo, e ao teu próximo como a ti mesmo."

Ele, assim, nos orientou.

Ame sem esperar ser amado.

Ame-se para poder amar ao próximo. Aquele que ainda não se ama, não sabe como amar ao outro.

Pratique o amor incondicional. Ele é libertador...

O amor é a solução para tudo e para todos os seus problemas, creia nisso!

O amor é a essência da vida eterna.

Use a sua energia vital em todas as situações da sua vida. Eu disse TODAS.

Tudo muda. Nem o bem nem o mal duram para sempre. Tudo passa... já dizia o nosso amado irmão Chico Xavier. Os problemas passam, as dores passam, a vida passa... e você, o que está fazendo?

Só se aprende na prática, meus irmãos. Não se iluda vivendo de sonhos e fantasias. Não fique apenas na teoria; coloque em prática o amor.

Viver bem só depende das decisões corretas que tomamos todos os dias. Ser feliz é adquirir um estado consciencial que nos permite entender que só depende de nós encontrar a felicidade.

O despertar espiritual é nosso dever, pois quando você desperta para o que realmente você é, tudo se transforma. Você não é o nada, você é o tudo. Você é o objetivo de toda a criação. Tudo o que nosso Pai criou, cria e criará é para o nosso aperfeiçoamento; creia nisso e tudo aos seus olhos se tornará mais fácil.

A vida não é fácil, as pessoas não são fáceis, as conquistas são difíceis... tudo é prova evolutiva, mas quando olhamos para essas provas com um olhar acurado, tudo se transforma em aprendizado e evolução.

Saia da parte rasa da vida. Suba bem alto os degraus da consciência, pois assim você poderá olhar para baixo e ver o quanto os seus problemas foram úteis para você chegar até onde está hoje.

"Nenhum atleta chega ao pódio sem sacrifício."

Coloque todos os seus problemas abaixo de você.

Você é superior a todas as coisas materiais.

Você é filho de Deus.

A conta não será paga se você sofrer...

A doença não sumirá se você viver angustiado...

As injustiças não vão desaparecer se você as viver...

Nada vai mudar se você não mudar o seu olhar sobre todas essas coisas.

Você não é daqui...

Você está temporariamente aqui.

Esse corpo não é seu...

A única coisa que pertence a você é a sua consciência e, essa sim, jamais se apagará. Precisamos despertá-la o quanto antes.

Pense nisso...

> A vida só vale a pena ser vivida, se for com amor...
>
> Osmar Barbosa

Você tem três corpos, você sabia?

Para uma melhor compreensão do que somos enquanto encarnados, eu vou explicar a você a respeito dos três corpos (básicos) de que é constituído todo o Ser. Esse mesmo que está lendo este livro.

O **espírito**: Deus criou quando chegou à perfeição. Somos parte de Deus, somos partículas de luz oriundas de uma fonte perfeita e infinita de amor (Deus). Cada partícula dessa é um espírito expiando para atingir a tão sonhada perfeição, que é desejo de Deus.

Não sabemos ainda que perfeição é essa desejada pelo nosso Pai, mas sabemos que Ele assim a fez. Por ser magnânimo e grandioso, cremos que se trata de algo que ainda não temos a capacidade de entender, pelo menos não no momento em que estamos agora.

O espírito é uma energia perfeita, imortal e indestrutível, feito à semelhança de Deus, isto é, pura luz. Não tem forma e não ocupa espaço físico. O destino dos espíritos é a vida nos planos superiores ao lado de Deus; nas cidades espirituais, nas colônias, e nas milhares de estações evolutivas criadas por Deus para receber os seus amados filhos.

A diferença entre os espíritos e Deus é apenas a perfeição. Ele é puro, e nós ainda estamos na estrada da perfeição. Para adquirir a perfeição, Deus criou os universos regidos por duas forças antagônicas, ou seja, positivas e negativas: *yin-yang* .

São nesses universos que os espíritos vão evoluir, aprendendo a ser criadores e, para isso, dirigir dois outros corpos: o perispírito (alma) e o corpo físico. Quando estamos encarnados, o nosso perispírito é chamado de alma, porque se mistura aos fluidos do planeta em que vive. Ao deixar a vida terrena, esse corpo volta à condição de perispírito, liberto dos fluidos terrenos.

É por meio deles que o espírito conhece as limitações, os conflitos, o julgamento, o ego, o tempo e o espaço, pois tudo isso só é possível em um mundo baseado na dualidade.

O **perispírito**: é invólucro fluídico (semi material) que serve de veículo para manifestação do espírito no plano espiritual. Constituído de fluidos próprios do mundo em que estagia, o perispírito serve também de elo entre o espírito e o corpo físico, este quando se encontra encarnado.

Nós levamos o perispírito para a vida espiritual com o propósito de sermos reconhecidos por aqueles que viveram as experiências terrenas conosco, e que agora se encontram na vida espiritual.

O perispírito não sente dor física, fome, sede, sono ou calor, mas carrega todas as impressões e todos os sentimentos e emoções que experimentou durante as encarnações; algumas impressões ele carrega consigo durante longos períodos, até aprender a superá-las.

Ao final do estágio planetário, o perispírito viaja até as cidades espirituais e vive lá, até que o espírito receba uma nova oportunidade terrena – se for necessária para expiar ou para auxiliar na evolução de outros –, assim, ele se integra novamente aos fluidos terrenos (alma) e vive novas experiências evolutivas aperfeiçoando-se ainda mais. Tudo isso se dá, pois quanto mais perfeito for o perispírito, mais sutil será; e quanto mais sutil ele for, maior será sua grandeza espiritual.

Ele é feito de uma matéria mais sutil que a do corpo físico, pois está em outra dimensão. Todas as noites o perispírito sai do corpo físico, que é como uma prisão temporária, e vai trabalhar nos planos astrais, vai ao encontro de seus familiares já desencarnados, estuda, planeja os passos seguintes daquela encarnação, e assim por diante. Aquilo que chamamos de sonho, nada mais é que estar em outro lugar "perispiritualmente".

O **corpo físico**: é um corpo constituído de matéria da terceira dimensão e limitado às suas condições, enquanto este acreditar somente no que seus cinco sentidos materiais lhe indicarem.

Esse corpo tem uma vida limitada a pouco mais de cem anos. É comandado pelo cérebro, que por constituição já é separado em dois hemisférios e atua de forma dual, julgando e classificando tudo.

O ego exerce a função de instinto animal, preservando o corpo de acidentes e doenças, além de usar a memória analítica básica. Ele não consegue acreditar naquilo que não vê ou sente e, por isso, não acredita em perispírito, espírito, Deus ou amor.

À medida que o corpo sofre a influência do perispírito e do espírito, desenvolvem-se as outras funções, mais espirituais, tais como a mediunidade, mediunismo etc.

Toda pessoa, por mais cética que seja, acredita na existência do amor, mesmo que não consiga prová-lo. É a ação da partícula divina que mora dentro de todos nós. Deus sempre fala conosco através do arrependimento ou da alegria em ajudar o outro.

O processo de evolução consiste em conscientizar o ego ou a mente humana de que existe algo além da matéria física e deste mundo visível. O despertar espiritual liberta o espírito. Creia!

Toda vez que fazemos algo a alguém, e isso o ajuda de alguma forma, sentimos um entusiasmo dentro do peito, um sentimento prazeroso e indescritível: é quando Deus fica feliz pelo ato de amor praticado e direcionado ao outro; já o contrário ocorre quando fazemos algo que contraria o amor Divino, e logo sentimos um aperto no peito, uma dor na consciência: é Deus dizendo para nós aquilo que nunca devíamos ter feito, nos convidando ao arrependimento. Portanto, sempre ouça a voz de Deus, pois Ele fala dentro de cada um de seus filhos.

Volte atrás e peça perdão, sempre.

Recomece, mas diferente...

"

A vida não se resume a esta vida!

"

Nina Brestonini

Por que devo despertar o Ser espiritual que há em mim?

O despertar espiritual é a solução para todos os nossos problemas. Só ele pode nos devolver a plenitude do espírito, a lembrança de que somos deuses, capazes de tudo. Isso não quer dizer que você deva deixar de lado a humildade.

Quanto mais conscientes nos tornamos, mais aumenta em nós a tendência de esclarecer a verdade às outras pessoas, nossos irmãos na jornada evolutiva que ainda não conseguiram compreender e ter acesso a certos conhecimentos. Por isso, a grande tarefa dos servidores do bem, deve ser a de desenvolver no homem a sua própria consciência.

Para isso, é preciso libertá-lo das ilusões, soltar as amarras materialistas que prendem o Ser a este plano terreno, e viver a espiritualidade que irá levá-lo a lugares ainda incompreensíveis, porém possíveis e disponíveis a todos os filhos de Deus.

Nós estamos aqui para trazer um pouco de luz para a Terra. Você é luz, portanto, faça-se luz por onde passar... acredite: é por isso que você está aqui. Há algo muito maior que trabalhar, copular, ganhar e gastar dinheiro, pagar contas... existe algo além de ser famoso, popular, rico ou milionário.

Se cada um de nós acender sua luz própria, iremos transformar este planeta em um paraíso ou transformá-lo mais rapidamente em uma escola de evoluídos.

Levar um pouco mais de luz para quem já é feliz, não é difícil. Bom mesmo é levar luz às trevas e ver o seu trabalho gerar frutos, modificar o que antes parecia impossível. Transformar vidas.

Surge, então, a questão: como despertar a nossa consciência espiritual?

Eu respondo: aprendendo a linguagem do coração, ouvindo os anjos e cultivando o amor-próprio.

Amando a nós mesmos e ao nosso semelhante podemos projetar para o mundo a luz que vem do coração – reservatório dos anseios do nosso espírito que nos conduz pela espiral evolutiva infinita, a espiral de luz ascendente. Você é muito mais do que imagina.

Reconhecer verdadeiramente o que somos em essência. Deixar de lado as coisas do mundo material e se dedicar a viver a vida espiritual, mesmo estando encarnado. Viver como espírito e não como um amontoado de carne, músculos, ossos e sangue... você não é isso.

É bom lembrar que tudo o que o mundo material nos oferece é bem-vindo, e devemos sim correr atrás das nossas conquistas pessoais. Nada contrário a isso, pois elas são importantíssimas.

É muito bom ter dinheiro. É muito bom viajar e conhecer outros lugares, outras pessoas, outras culturas, outros idiomas.

Tudo o que há no mundo foi Deus quem colocou nele, e a seus filhos pertence, portanto, desfrute...

Mas será que eu posso ser mais que um simples materialista?

Foi por meio desses questionamentos e buscando ajudar o meu próximo com aquilo que eu já aprendi através das experiências terrenas e espirituais – experiências que me ajudaram a criar mais consciência do que sou em essência –, que resolvi anotar em tópicos os principais conceitos que regem a minha vida atualmente, e quero aqui compartilhar com vocês:

- Busco sempre tratar a todos com paciência, e tento transmitir a todos a paz que há em um espírito despertado;
- Eu só posso dar ao outro aquilo que tenho dentro de mim;
- Ser caridoso é meu dever, afinal, até o dia de hoje, recebi muita ajuda e devo retribuir aos meus irmãos de vida humana e espiritual tudo o que me deram;
- Ser honesto é obrigação de quem sabe que a vida não termina aqui. A honestidade é um dos princípios morais que nos aproximam de Deus;
- Ser verdadeiro e sincero, mesmo que machuque as pessoas, é melhor do que não dormir pelos tormentos da consciência pesada, por viver uma vida de mentiras. Meu juiz é e sempre será o meu travesseiro;
- A melhor forma de ensinar a quem você ama e a todos os que te cercam é pelo exemplo, por isso, busco sempre ser exemplo em tudo o que faço.

"Aos outros dou o direito de ser como são, a mim dou o dever de ser cada dia melhor." Chico Xavier

Como a evolução não cessa, estou sempre aberto a novas informações, sejam elas do mundo espiritual ou físico. Procuro sempre me conectar aos meus mentores ávido por informações que possam mudar a minha trajetória e, assim, mudar também a trajetória daqueles que seguem ao meu lado.

A meu ver, um dos maiores erros que todo ser humano mais comete é o de reclamar.

Basta estar vivo para reclamar. Todavia, o Ser sábio, aquele Ser evoluído, despertado e consciente, este não reclama de nada.

"E por que será, Osmar?" Você deve estar se questionando.

Eu te digo: pare de reclamar da vida e aceite o que ela te dá, o que Deus te dá. Tudo o que acontece conosco traz embutida uma lição, uma mensagem... basta ter sabedoria para entender o aviso entregue. Somente os despertos conseguem assimilar esses ensinamentos.

"Todos os dias recebes uma página em branco no livro da vida; o que você está escrevendo?"

Se você não reclamar de nada, você pratica o desapego.

O desapego verdadeiro é desapegar-se de tudo, não só dos bens materiais, mas também das pessoas, dos parentes, da comida, dos excessos, do mundo todo.

Desapegar-se do mundo é não desejar nada que exista nele, embora seja muito importante que você aproveite a todas as coisas que nele existam, como já mencionei anteriormente.

Repito: somos seres espirituais e não pertencemos a este planeta, tampouco ficaremos nele... lembre-se: "Caixão não tem gaveta".

Estamos aqui temporariamente. A vida como encarnado é uma aventura que deve ser vivida da melhor maneira possível. Um dia, todos nós voltaremos para o local de origem, pois você não é eterno quando está encarnado, você só é eterno quando está em espírito ou consciente de que é um espírito. Mas atenção: ninguém vira santo porque morre, portanto, cuidado com o que você pensa, cuidado com as suas certezas... elas podem te enganar.

Você só será eterno quando morrer...

E só morrerá de fato se não for lembrado por ninguém, pois enquanto alguém se lembrar de você e esboçar um sorriso, você estará vivo...

Quando alguém sentir o cheiro de seu perfume predileto e se lembrar de você, você estará vivo.

Quando alguém for a um restaurante, pedir o cardápio e nele estiver a sua comida predileta, você estará vivo.

Quando alguém procurar por uma roupa que você usava para sentir o seu cheiro, você estará vivo.

Quando alguém estiver passando por algum lugar e se lembrar de você, você estará vivo.

Pense nisso...

É possível praticar o amor e o desapego ao mesmo tempo, fique certo disso.

Olhe para os seus pais, irmãos, esposa ou marido, filhos, amigos, colegas e desconhecidos como espíritos (filhos de Deus), iguais a você, que merecem o mesmo respeito, carinho, atenção e amor, sem distinção. A cor da pele ou a opção sexual das pessoas não definem o que elas são em essência.

Pratique a solidariedade, mas não se apegue a nada nem a ninguém. O que é da vida terrena, permanecerá na vida terrena. Ajude a todos, seja útil e cumpra com a sua missão aqui na Terra, mas com o objetivo de conscientizar a todos de que estamos aqui somente de passagem. É um momento, um único momento que deve ser aproveitado ao máximo.

A iniciativa de desapegar-se de tudo deve sempre partir de você. Ninguém conseguirá transformá-lo, somente você é capaz disso... tudo começa por dentro.

Ao praticar o desapego você não deseja nada e também não condena a ninguém. Desapegue-se! Siga aquele dito popular: "não esquente a cabeça!", no bom sentido. Ou ainda o provérbio chinês: "Se o problema tem solução, não esquente a cabeça, porque tem solução. Se o problema não tem solução, não esquente a cabeça, porque não tem solução.”.

Lembre-se de que, se Deus é justo, para cada problema existirão várias soluções, e elas se apresentarão no tempo certo. Não adianta sofrer por algo que você não tem condições de resolver antecipadamente. Dê tempo ao tempo.

Se eu desejo muito alguma coisa, eu decreto que preciso lutar para adquirir aquilo, esforçando-me para isso, dentro das leis de espaço e tempo, e dando valor e importância àquilo.

Contudo, se consigo o que tanto desejava, acabo desenvolvendo apego àquilo e sofro se vier a perdê-lo. O erro está em se incomodar, reclamar, desejar, possuir, se apegar, acreditar nos cinco sentidos, nas aparências, costumes e leis físicas, em separar em vez de unificar.

Resumindo, o problema está em valorizar este mundo físico, que tem espaço e tempo, forma e pensamento, que é uma ilusão na qual só os cinco sentidos acreditam, pois pertencem a ele.

Neste mundo, a separação e a divisão não passam de mera ilusão. A telepatia, a linguagem universal, e o acesso à memória espiritual dispensam registros, pois não se perdem nunca; essa é a linguagem dos espíritos, e é ela que você usará na vida eterna. Comece a treinar.

Se eu não desejo nada, eu já tenho a certeza de que tudo possuo, e, assim, quando preciso, tenho acesso ao conhecimento, pois sou um ser único, que tudo sabe.

Por não desejar as coisas deste mundo, eu consigo acessar o meu Eu Superior (espírito), e ter acesso à Luz, que carrega todo o conhecimento; em outras palavras: eu deixo brotar o conhecimento que está adormecido em mim. Então, consequentemente, ela brotará de acordo com a vontade de Deus. Faço-me luz...

Ela se origina dentro de mim, conforme às minhas necessidades. Afinal, eu só possuo bens imateriais, os quais eu levo para onde eu for. O meu patrimônio é a minha essência espiritual, e é só isso que tenho. É apenas isso que levarei após a vida terrena.

Se eu pretendo ou preciso ler um livro, eu não devo pensar no esforço que terei de fazer para lê-lo e, depois, lembrar do seu conteúdo. Encarando-o como parte de um todo universal, eu me torno capaz de acessar a todo o seu conteúdo, mas sem apego à palavra escrita e sem querer guardá-lo como um tesouro daqueles que não se quer dividir com ninguém.

Eu não sou deste mundo, estou temporariamente neste lugar. Um dia eu volto para casa. Um dia todos nós voltaremos para o local de origem, e esse lugar não é humano, é espiritual.

O mundo é uma biblioteca aberta para ser visitada por todos, basta se permitir. Mente livre, sabedoria espontânea, despertar espiritual.

Se você desejar não ter algo, como doenças, cansaço, estresse, preocupações, dívidas etc., basta decretar que nada disso pertence a você. Ademais, eu não atraio para mim o que eu não desejo. Essa é uma Lei Natural.

Eu não tenho desejos nem apego às coisas deste mundo.

Eu me torno indiferente a elas, o que não quer dizer que não tenham valor. Se tudo é indiferente para mim, significa que tudo tem o mesmo valor, sem que um se sobressaia ao outro.

Se não for do meu desejo obter algo que possa ser útil (sabedoria, poder, coragem, capacidade de ajudar o próximo), eu o recebo por meio da graça divina, através dos espíritos, e a partir daí estarei apto a usá-los corretamente, não em benefício próprio, mas para cumprir com uma missão que ajudará a muita gente.

Com isso, eu passo a ser um verdadeiro instrumento de Deus e dos espíritos amigos, eu sou Deus na Terra, eu sou um "Deusinho" em treinamento, você é um "Deusinho" em treinamento, lembre-se disso.

Quando acessamos essa dimensão mental, tudo o que precisamos para viver se expõe à nossa frente... tudo mesmo, creia: o Universo começa a retribuir a você tudo o que é necessário para se viver na Terra.

Eu recebi a missão, porque não a desejei com a mente terrena, materialista, egoísta e desejosa de vantagens. Quando o Ser está pronto, Deus lhe concede a graça enviando os seus mensageiros celestiais. Basta despertar...

É um erro querer vencer o desejo (apego ou aversão por algo ou alguém). É preciso ignorá-lo. Só a vontade de querer vencê-lo já é um desejo, que induz ao sofrimento e à dualidade.

A busca do despertar espiritual é um erro, pois é desejo. Ele não é um objetivo a ser perseguido. Ele é a culminação de um processo. Você tem de estar apto a conquistá-lo. Você tem de querer, desejar, estar determinado a fazer e, por fim, realizar.

Eu posso e devo buscar eliminar da minha vida tudo o que me impede de alcançar o despertar espiritual. Só isso. Quando eu trilhar esse caminho, naturalmente o despertar virá.

Ter a certeza de que eu chegarei lá é o que me basta. Foco na vida, foco no resultado.

A busca é um desejo e todo desejo resulta em sofrimento. Quem não busca tem a certeza de que já tem (é o caso dos conscientes).

Quem não busca devido à preguiça, não chega a nenhum lugar. Está parado no tempo e na vida, desperdiçando as oportunidades evolutivas. Jogando fora toda a encarnação.

Espiritualmente falando:

Quem procura não acha (pois se encontra na dualidade). Está semiconsciente. Procurar por algo fora de si é estar no caminho da separação e da dualidade.

O Ser desperto que a nada procura, já sabe que tem, já está no todo, não precisa procurar. Ele entrou no estado de Unidade.

Quem não procura e está em conflito é o Ser perdido, inconsciente por completo. Jesus disse: "Busca e acharás". Mas lembre-se: quem busca ainda está na dualidade, quem se achou está na Unidade. Você é UNO.

Para isso, basta o despertar espiritual.

Melhor que buscar fora de si (o que é desgastante) e dentro de si (silenciando) é permitir-se ser conscientizado (deixar que Deus fale com você), ser o receptor mediúnico capaz de ouvir todas as vozes. O que Jesus pediu para buscar? O Pai dentro de você. Lembra?

Em princípio, quando Deus nos criou, Ele era todo "vontade de dar", e nós só "vontade de receber". À medida que nós nos tornamos conscientes e espiritualizados, diminui a "vontade de receber" (o egoísmo), e aumenta a "vontade de dar prazer a Deus" e de "se doar ao próximo", como o Pai fez e faz conosco.

Ao invés de ser um vaso a ser preenchido, nós transbordamos e já atingimos o estágio de transmitir o nosso amor e conhecimento àqueles que ainda não chegaram ao nosso nível de evolução. Há mais felicidade em dar do que em receber, tenha certeza disso.

Deus nos oferta tudo e não recebe nada. E todo homem é tanto mais divino quanto mais ele dá do que quer receber. Sendo nós individualidades ou extensões de Deus, agindo separadamente, o egoísta se isola e o universalista se integra.

O egoísta restringe a sua visão de mundo e só tem "vontade de receber", enquanto o universalista amplia a sua visão, se sente parte do todo e só tem "vontade de dar".

Para acessar o seu Eu Superior é preciso ficar em silêncio, alcançar a paz interior e o equilíbrio com disciplina, persistência e seriedade, tendo isso como objetivo inicial.

Os outros objetivos serão alcançados ao se cumprir corretamente este primeiro. Todas as respostas estão dentro de nós, lembre-se sempre disso... você é único, indivisível e eterno.

Se eu tenho ou sou todo o conhecimento e toda a sabedoria, Eu Sou o Eu Sou e tudo flui através de mim. O amor flui através de mim e para mim. O corpo físico se adapta à nova realidade vibracional, os chacras se abrem, o *Kundalini* sobe e me transforma em outro Ser, pronto para se desligar desta dimensão e partir para a próxima ou para a multidimensionalidade.

Não posso esquecer que para viver assim eu devo sempre praticar esses dois mandamentos: *"Ama a teu próximo como a ti mesmo"* e *"Perdoa para ser perdoado"*.

A Lei do Amor e a Lei do Eterno Movimento são a mesma coisa.

O amor, por natureza, não é passivo nem parado. É ele que move o Universo e, portanto, faz com que o Universo nunca pare, formando um equilíbrio perfeito de duas metades iguais.

O amor é como o pêndulo que, ora oscila para um lado até ser repelido, ora entra do outro lado até ser repelido de volta para o primeiro lado, e assim eternamente.

"Yin-yang interagindo a todo tempo."

Deus não gosta de monotonia...

Quando alcançou o equilíbrio perfeito, Deus não se tornou imóvel. Ele se tornou Uno e continuou a agir, a criar à benesse. Deus é Amor, Amor é Luz. Deus é luz em movimento. Você já viu luz parada?

A Lei da Ação e Reação (ou Lei da Atração e Rejeição ou, ainda, Lei da Causa e Efeito) só existe para o mundo material, a vida terrena, para o Universo onde existe espaço e tempo, dualidade, bipolaridade (positivo/negativo), masculino e feminino, direito e esquerdo, superior e inferior etc.

Ela só tem validade neste nosso mundo para impulsionar a gente para a frente e para buscar a evolução. Portanto, ela é uma ilusão, que só vale enquanto eu esperar alguma recompensa ou temer uma reação pelo meu sentimento de culpa.

Ela não funciona para o mundo verdadeiro, que é o mundo espiritual, o Uno.

Se eu faço mal a alguém, eu não terei de sofrer algum mal futuramente por causa dessa lei, e sim pela Lei das Compensações, Lei dos Opostos, Causa e Efeito ou Justiça Divina.

Essa lei diz que eu preciso experimentar a todos os aspectos da vida, em todas as situações, ou seja, os dois lados da moeda, até equilibrar a dualidade que ainda existe em mim, e me tornar Uno novamente.

Muitas vezes, a compensação ocorre logo depois de uma ação e, portanto, parece que é a reação ao meu ato anterior. Se Deus quiser me conceder uma graça (pela Lei do Amor), isso independe de um suposto mérito meu. Não existe mérito ou demérito que impliquem em ação e reação, embora fazer o bem nos alinha às recompensas encarnatórias.

Existe uma programação que eu fiz para esta vida, para este estágio terreno etc., o qual eu posso cumprir antes do prazo previsto ou não, isso só depende das decisões que eu tomo durante as provas apresentadas.

Não adianta plantar pimenta e rezar para colher morangos. As coisas não são assim... plantou pimenta, vai colher pimenta e ponto-final.

A vinda à Terra não é um acaso, ela é programada na vida espiritual, pois somos nós quem decidimos vir e experimentar para, através das provas, alcançarmos a evolução plena, que é o destino de todos os espíritos.

Na Física, a lei diz que para cada ação você terá uma reação com a mesma força, mas em sentido contrário. Uma bolinha jogada contra a parede voltará para você, isto é, na direção oposta e com a mesma força.

Ao prejudicarmos o meio ambiente, é certo de que a natureza irá reagir e agredir o planeta com catástrofes naturais, alterações climáticas etc. Olhe ao seu redor e observe a tudo o que acontece todos os dias.

Porém, quando você passa isso para o campo sentimental a coisa muda de figura. Pode-se dizer que, se você faz o bem, esse bem voltará para você e, fazendo o mal, ele também voltará para você, mas não imediatamente. O tempo de Deus é muito diferente do nosso.

Se eu matar alguém, eu terei de ser morto por alguém em outra vida; se cortei um braço, terei um braço cortado em outra vida ou ainda nesta, e assim por diante. Por outro lado, como posso interpretar essa lei caso eu faça o bem para alguém e, em troca, receba somente injúrias, recusa e até pedradas?

Posso afirmar que receberei o bem de outra pessoa, em outra ocasião, e não daquela que não soube entender o bem que eu quis fazer.

Quando começamos a compreender isso e a praticar, passamos a fazer o bem sem distinção, e esse é um dos princípios do despertar espiritual. Você enxergará a vida totalmente diferente.

Desse mesmo modo, eu também posso prejudicar alguém, e esse alguém não esboçar qualquer reação, mas, em outra ocasião, eu posso ser prejudicado por outra pessoa.

E como garantir que o mal que eu receberei mais tarde é, de fato, por causa daquele ato?

Os homens afirmam isso, baseados em suposições terrenas. Talvez, eu já tenha sido assassinado em outra vida e, agora, chegou a minha vez de ser o assassino. Nem sempre é preciso ser o "personagem" mau primeiro e depois a vítima, pense nisso.

A ordem pode ser inversa, pela Lei das Compensações, pois se todos os seres humanos fossem maus apenas no início da sua evolução para só depois melhorar, todas as vítimas deles nunca chegariam a cometer uma maldade nem teriam motivo para serem assassinadas; não haveria nada a pagar, não teriam os resgates espirituais.

Se existisse a Lei da Ação e Reação somente àqueles que fizessem o mal, estes receberiam a reação em forma de castigo, e não é assim que funciona.

Se alguém fizer algum mal a mim e eu perdoá-lo, pode-se dizer que não houve reação ou a reação teve um poder equivalente e, portanto, as duas ações se anularam mutuamente. Logo, para cada ação é preciso uma reação contrária (com o sentimento oposto).

Certo ou errado? Errado, porque se eu recebo ódio, eu anulo-o com amor, mas se eu recebo amor, eu NÃO devo anulá-lo com o ódio, mesmo podendo fazê-lo.

O que é mais correto: receber amor e devolver amor, para que a pessoa receba o mesmo tipo de sentimento? Ou devo receber amor e devolver ódio ou raiva para anular o efeito? Devo receber agressão e devolver com outra agressão? Ou receber o ódio com amor para anular o efeito?

Percebem como essa lei é dúbia? Quando for para "dar o troco" de algo bom devemos devolver na mesma moeda, e quando for ruim devemos reagir de forma contrária.

Se alguém me ofender, eu poderei agir de três maneiras: revidar de forma igual e ofender a essa pessoa também; reagir de forma contrária, para apaziguar a situação; ou posso simplesmente não reagir, ignorar e esperar até a raiva da outra pessoa passar.

É a não ação.

Se uma lei não vale por igual para todas as alternativas, ela não é uma lei.

Voltemos, então, à Lei das Compensações, regida pela Justiça Divina, pela qual eu recebo uma reação contrária, quando Ele achar que eu devo passar por aquela experiência, e recebo uma reação equivalente, se Ele assim quiser ou achar justo.

Vamos supor que eu seja um assassino e me aproxime da próxima vítima, eu posso receber amor dela, não para anular o meu mal, mas para perceber que estou agindo errado.

É uma chance que Deus estará me dando. Um anjo que Ele colocou no meu caminho para me ajudar.

Nós recebemos a graça divina no momento em que Deus considera que chegou a hora, e não de acordo com a nossa lógica. É e sempre será merecimento...

Deus criou o Universo por uma ação de graça, sem esperar nada em troca.

Se eu faço o bem a alguém sem esperar por uma compensação, eu estou doando algo de mim, fazendo uma ação de graça (dar sem ver a quem), imitando a Deus, e só receberei um bem em troca se Deus assim o quiser.

A minha vontade de doar será maior do que a vontade de receber e, quanto maior ela for, mais eu me liberto das compensações e culpas por algo que eu fiz.

Se eu doar amor para muita gente, Deus também me dará amor, mas não para compensar a falta de amor daqueles que eu ajudei e não demonstraram gratidão; Ele fará isso porque Ele é o Pai, porque Ele é Deus, e sempre amará a todos os seus filhos incondicional e indiscriminadamente.

Ele sempre será o refúgio nas nossas horas de angústia e solidão. É nessa hora que pedimos colo para o nosso Pai. E Ele sempre estará nos esperando em seus braços de amor.

Algumas pessoas nesta Terra podem afirmar que amam, de verdade, a humanidade, mas não querem o amor desta humanidade, porque ela é interesseira.

"As pessoas só amam você, enquanto você é útil a elas."

Se você muda o seu jeito ou não faz mais o que elas querem, o amor delas se transforma em outra coisa, às vezes até em ódio.

Ame sem ter a necessidade de ser amado. É o que recomendo. Ame sem esperar nada em troca, esse é um importante passo para o seu despertar espiritual.

Não viva em função da Lei da Ação e Reação, mas faça o que seu coração pedir. Aja sempre pelo coração, é nele que Deus fala conosco a todo tempo.

O despertar espiritual faz com que você rompa com o ciclo de reencarnações e elimine todos os carmas. Quando você desperta, tudo se concretiza, tudo se realiza.

Eu não preciso sofrer ou me culpar por ações do passado nem achar que terei de pagar em vidas futuras. Acreditar nisso (por apego ou medo) é manter indefinidamente o ciclo das reencarnações.

Desde a infância, nós nos acostumamos a acreditar em certas leis que, na verdade, só são válidas neste mundo físico e ilusório, o mundo da dualidade, e, às vezes, nem neste.

Acreditamos na validade dessas leis, que nos convenceram a aceitar, mas que não resistem a uma análise mais profunda.

Todas as leis criadas ou descobertas pelo ser humano, na Terra, são imperfeitas (são leis humanas), e têm sua validade limitada ao tempo em que se acreditar nelas, ou até se descobrir que há uma lei mais abrangente. Todos os dias, os homens infringem ou mudam as leis.

Um dia, chegaremos à conclusão de que a única lei é a criada por Deus: *"Ama a Deus sobre todas as coisas, e a teu próximo como a ti mesmo"*. Essa é a Lei Maior.

Em outras palavras é a *Lei do Amor*.

As leis da Física e da Química são uma ilusão, pois só são válidas dentro das condições de temperatura, pressão e vento constantes, o que só ocorre em um laboratório e não na vida real.

Na verdade, o enunciado dessas leis abrange uma média e não dados absolutos. Muita coisa que a Física considerava impossível há 50 ou 100 anos, hoje em dia todos aceitam. Por quê?

Simplesmente porque esqueceram ou desconheciam algumas variáveis que influenciavam aqueles eventos. Assim, sempre haverá um fator desconhecido a ser descoberto.

Qualquer pessoa pode levitar e vencer a lei da gravidade, assim como dar um salto de mais de 15 m, quando o máximo, hoje, são 8,95 m.

O tempo também passa de forma diferente para várias pessoas em um mesmo período. Para alguns passa mais rápido e, para outros, devagar.

Da mesma forma, a Lei da Ação e Reação é imperfeita e não funciona para todos os casos.

A Lei da Oferta e da Procura é uma fraude absoluta, pois é uma lei que favorece os capitalistas em detrimento dos pobres. Ela diz que quando há muita oferta, os preços diminuem, e quando há muita procura por um produto e escassez do mesmo, os preços sobem.

A Lei da Atração e Rejeição também tem suas falhas.

Se eu emito um desejo, o Universo responde me dando aquilo. Quanto mais eu acreditar nesse mecanismo, mais ele irá funcionar, é o que dizem.

Se eu desejar saúde, emprego ou felicidade, eu posso obtê-los. Dizem que se eu fizer o pedido dizendo: “Eu não quero ficar doente”, na verdade, atrairei a doença, pois o “não” é ignorado pela mente, pelo Universo e por Deus. Independente da minha postura, eu posso ou não receber o que eu pedir.

Não vai depender da forma como eu pedir, da humildade ou a falta dela, da gratidão ou não, da quantidade de vezes ou da minha fé. É claro que a fé ou a crença de que vai dar certo faz uma diferença enorme, em tudo o que fizermos na vida (porque não colocaremos obstáculos no caminho) e, portanto, acreditar sem ter dúvida alguma faz muita coisa se realizar, mas não é uma lei absoluta.

Se você não conseguir o que deseja, não adianta colocar a culpa na falta de merecimento, no modo errado de pedir ou em outras desculpas.

Deus dará a você o que você desejar, se isso fizer parte do seu plano de vida, se o teste for válido para que você aprenda com ele (pelo amor ou pela dor), se isso for ajudar na sua evolução (de ajudar ou ser o bisturi dos outros), entre muitos outros fatores. Portanto, nem todos os que pelo "nosso julgamento duvidoso" merecerem ou não merecerem ser atendidos obterão o que pediram.

As variáveis são muitas.

Então, cadê a lei? Que lei é essa?

A única lei verdadeira é a Lei do Amor.

Dê amor e receberás amor. E o amor traz muitas benesses.

Tudo o que se encaixar nela irá funcionar sem dúvida alguma.

Se eu fizer um pedido ao Universo, ele me responderá ou me ajudará, porque ele me ama, e não porque está subjugado a mim e me deve obediência. Não se esqueça nunca de que a gratidão a Deus por tudo o que você tem, recebeu e recebe diariamente, é muito mais importante do que o que você pede a Ele.

O ideal é não pedir nada e só agradecer a cada dia que Ele nos concede. Agradecer às páginas em branco que recebemos todos os dias ao acordar, nas quais podemos escrever a mais bela história: a história da nossa vida!

É preciso dar graças a Deus por todo o bem que recebemos.

"A gratidão é a melhor forma de dizer: muito obrigado!"

Ninguém, por melhor que seja, merece ser colocado no pedestal. Somos todos imperfeitos, vivendo experiências humanas para nos aperfeiçoar.

Primeiro, porque o mérito é algo terreno, inventado pelos seres humanos com critérios falhos – quem quer mérito acredita no demérito, então, julga.

Quem quer mérito finge ser bom para obter alguma vantagem. Isso é troca, é dualidade. E, segundo, porque um dia o pedestal quebra e você que colocou a outra pessoa lá irá se decepcionar (porque quis, pois criou falsas expectativas).

Por outro lado, também não deixe que te coloquem num pedestal, pois a cobrança pela perfeição é muito grande, e a possibilidade do seu ego inflar e dar início a sua queda, também é enorme.

O plano de Deus inclui os ignorantes e involuídos. Ele não os abandona para beneficiar somente os evoluídos.

"Deus é justo e bom."

É, por isso, que não existe mérito nem demérito para ninguém. Por isso, aqueles que não têm condições de reconhecer a grandeza de Deus *merecem* a sua ajuda, isto é, obtêm Sua ajuda, como todos os outros.

O diabo (opositor, *essa é a tradução verdadeira dessa palavra*) é o nosso ego.

Nós precisamos de oposição ou resistência para vencer as dificuldades da vida e evoluir. Precisamos nos modificar todos os dias.

Não existe diabo ou mal externo que nos ataca, atrapalha a vida, nos tenta ou prejudica. O mal está em nós, no ego que alimentamos, achando que o egoísmo traz a felicidade que tanto buscamos.

O diabo (interno ou externo) só precisa e deseja aquilo que ninguém quer dar a ele: o AMOR.

Procure os defeitos em você (e não fora), e nenhum fator externo irá prejudicá-lo. O nosso ato de emanar a negatividade é o que contamina as outras pessoas e as almas sintonizadas na mesma energia, contaminando até o ambiente e, por isso, somos atacados por nossas formas-pensamento e por fatores externos.

Se um espírito do mau nos ataca ou nos induz ao erro é porque nós permitimos. Não dê permissão!

Um Ser (espírito) que faz o papel de diabo, o maior opositor da evolução espiritual da humanidade, pode ser, na verdade, um anjo, tão radiante como qualquer outro, que aceitou essa tarefa árdua e ingrata para nos ajudar a evoluir. Não se esqueça de que sempre aprendemos mais rápido na dor.

Ele é nosso maior auxiliar (o professor rigoroso), pois só com a oposição, o rigor e a ausência de pena dele é que nós poderemos enxergar o caminho da luz e vencer nossos próprios defeitos.

A dor (física e da alma) é necessária para buscarmos o caminho de regresso ao amor do Pai. Quando pararmos de reclamar dele (o diabo) e das dificuldades em geral, estaremos finalmente no caminho certo.

O diabo não é o oposto de Deus. O diabo é parte de Deus, pois foi uma criação d'Ele. Deus é o Todo, o Ser perfeito e equilibrado pelas duas metades.

O diabo é só um dos lados, a personificação do Mal.

O Bem (ou anjo) é o outro lado.

Deus é o Todo.

O diabo é o opositor, mas não de Deus, e sim de você. É o opositor dentro de você, é o seu ego, apegado à matéria. Morrendo pela materialidade e deixando de lado as coisas do amor.

Dentro de você existem o Bem e o Mal, o anjo e o diabo, a inocência e a malícia, que precisam se compreender para, no equilíbrio, assumirem que são Deus.

O que chamamos de "mal" não existe para nos atrapalhar. Ele está aí para nos ensinar, para aprendermos a usar todo o nosso potencial, este que só iremos descobrir e utilizar (só irá desabrochar) se houver oposição na nossa vida.

Encare o mal como um auxiliar para desenvolver em você a sua capacidade ilimitada de ser, para que você passe a usar a herança espiritual que Deus lhe deu.

Pense comigo:

– Deus quer salvar a humanidade, certo?

– Sim.

– E o diabo quer o quê?

– Destruir a humanidade?

– Errado. Ele quer ensinar a humanidade a superar os obstáculos (necessários), estes que ele cria e nós acreditamos porque queremos ou por falta de evolução, para que a humanidade evolua e chegue a (entender) Deus. Por isso, ele é o professor mais rigoroso.

Não há evolução sem desafios.

E quem irá criar esses desafios? Deus. O próprio Deus, criador de tudo e de todos, mas com a sua face ruim, aquela que ninguém gosta de ver e, por isso, criamos um nome próprio (diabo) para ela, distinto de Deus.

Todo pai, ao educar corretamente o seu filho para os desafios da vida, tem um lado bom e amoroso, mas também tem um lado rigoroso, bravo e exigente, não é mesmo?

O Grande Pai faz o mesmo, mas com muito mais eficiência e sem errar. Sem sentir dor, conflitos e dificuldades, nós não conseguimos compreender como funciona a evolução nem o mundo criado por Deus.

Só depois de cada obstáculo superado é que nós entendemos uma parcela a mais deste imenso Universo. Não há outro caminho, e o próprio Deus passou por ele. Nós só repetimos os seus passos. Na verdade, Deus não quer nos salvar, Ele quer nos ensinar, nos educar, nos preparar para a vida futura.

Não foi Deus quem nos expulsou do paraíso. Fomos nós que expulsamos Ele de lá (só na nossa consciência), e O transformamos neste mundo dividido, de dualidades, de polos opostos.

Enquanto não desvirarmos o símbolo do infinito (∞) para que ele volte a ser um círculo (O) perfeito novamente, nós não alcançaremos a Unidade de onde saímos.

A palavra "infinito" se refere ao Verso e dá ideia de algo sem limite de tempo ou espaço, o que é uma ilusão. Acontece que, no Universo, não existe o infinito, pois o que existe lá é o TODO, que é igual ao UNO.

Tudo o que existe é Deus, mas não existe nada que não seja Ele.

Todo filho pode fazer o que o pai faz.

Como posso então brigar, desconfiar, temer, ter preconceito e odiar a Deus, que me testa e ensina no corpo de todos os irmãos que convivem comigo na Terra e no Universo e, no fundo, é uma relação de Deus com Ele mesmo? Portanto, somos o Todo, indivisível.

Nós já somos o UNO, olhando e brigando com as máscaras que Deus veste, em vez de olhar para a essência por trás delas. Tirando o pó e o barro (corpo carnal) que embaçam a nossa visão, nossas emoções e nossa consciência veremos o brilho incomparável do nosso "corpo de luz". Todos nós somos "corpos de luz" e unidos formamos uma única luz intensa (Deus e nós, os filhos). Partículas de Deus.

Por que, então, não nos vemos assim e nos esquecemos das diferenças, que só aparecem em um mundo de dualidade? Uma pessoa diferente de mim é apenas um outro aspecto de Deus se mostrando diante de mim.

Por que estranhá-la ou rejeitá-la em vez de me unir a ela? Cada pessoa que me questiona, desafia, atrapalha, duvida de mim, testa os meus limites, mas também me ama, ri e se diverte comigo é Deus falando comigo, é Deus mostrando as suas múltiplas faces, as múltiplas faces do Amor.

Pensando dessa forma eu consigo me harmonizar e sintonizar as luzes com todas as pessoas com as quais me relaciono. O objetivo maior é o de elevar todos os habitantes deste planeta ao mesmo nível de evolução. Só assim entenderemos que cada um é responsável pela evolução de todos.

A ideia do erro está associada à dualidade, pois se existe erro também existe acerto. No mundo perfeito não há como errar e nós pertencemos a esse mundo perfeito, fazemos parte dele, mas nos esquecemos dele. Pela visão de Deus não existe nada errado.

Tudo é certo, tudo serve para nos ensinar algo, seja pelo amor ou pela dor. Nosso modo de vida e cultura só reforçam a ideia de dualidade, incentivam a dúvida, o medo, a culpa, o apego.

Não devemos dar margem aos pensamentos que criam dúvidas, medos ou aos julgamentos, e a vida fluirá naturalmente. Com certeza, nós não faremos tudo 100% correto, pois este mundo de ilusão é imperfeito, mas isso não é errar. São obstáculos colocados no nosso caminho para ajudarem na nossa evolução. Não devemos nos condenar nem condenar os outros pelas falhas cometidas.

Eu só posso evoluir quando eu admitir que já fui muito pior do que sou hoje, mais cruel e perverso, mas que também já fui melhor, mais equilibrado e bondoso. Todas as minhas vidas anteriores serviram para me ensinar e lapidar. Só posso agradecer a todas as experiências, boas e más, todos os aspectos da dualidade que vivi e todos os seres que eu fui, pois eu sou o acúmulo delas, a síntese. Não tenho nada do que reclamar, só a agradecer.

Não é o contrário do sim. O sim faz parte das três qualidades ou ordens imutáveis que Deus deu a cada espírito: liberdade, vida e amor.

A liberdade implica em que nada é proibido. Quem ama não nega nem proíbe nada, e cada um assume a responsabilidade pelo que faz.

No mundo de Deus só existe a certeza, a afirmação, o correto.

Aceitar a possibilidade de algo não dar certo ou algo não poder ser feito implica em acreditar num Deus julgador, que impõe sua vontade aos filhos, ao invés de ser um Deus amoroso e compreensivo, que sabe dar a liberdade e esperar que eles alcancem a consciência, passando pelos mesmos caminhos que o Pai um dia trilhou.

Quem ama dá liberdade, que é parte essencial da vida. Portanto, o "não" pertence somente ao mundo da dualidade.

Deus nos deu a **vida** eterna, a **liberdade** e, como sentimento que nos impulsionará eternamente através das infinitas experiências, o **amor**, a maior força do Universo, que ninguém jamais conseguirá controlar.

Vamos seguir esse exemplo com as pessoas com as quais convivemos.

Nós entramos no mundo dual com dois objetivos: o de sermos felizes e o de evoluirmos. Só poderemos cumpri-los usando o que o Pai nos ofertou: liberdade, vida e amor.

Deus deu o amor, porque Ele é o Amor. Deus deu a vida, porque Ele é a vida. Deus deu a liberdade, porque Ele é livre.

Dando Amor Ele já dá Vida e Liberdade, porque assim é o Amor.

Encare a todos os desafios, problemas, tragédias e conflitos com as pessoas com bom ânimo, positividade, alegria, fé, coragem e esperança. Diga para si mesmo: "Ah, isso eu vou resolver ou superar!". Assim, você afasta os medos, não deixa os fantasmas e as dúvidas crescerem dentro de você, e não bloqueia a sua criatividade nem a inspiração que recebe do mundo espiritual.

Lembre-se sempre de que você não está sozinho, pois há anjos a cuidar de todos.

O primeiro pensamento sempre deve ser de que "é possível", pois Deus não te dá tarefa superior à sua capacidade e todo problema tem várias soluções, mesmo que, de início, você não veja nenhuma.

"Deus dá a seus melhores soldados as mais difíceis batalhas."

Se eu tenho medo do calor excessivo do Sol, do vírus e do assaltante, eles podem me atingir. Se eu não temê-los, eles não me atingem. É simples assim.

Eu crio a minha proteção, o meu escudo, não por pensar no medo, mas por "não pensar", isto é, não criar a dificuldade, pois ela não existe. Seja sempre positivo e tudo ao seu redor irá se transformar.

Primeiro, o homem cria a dificuldade, o problema, a dúvida, o medo, a possibilidade de um obstáculo ocorrer no futuro (seja imediato ou bem distante) e, depois, perde tempo criando fórmulas, mecanismos, terapias e aparelhos para se proteger daquilo.

Portanto, primeiro, ele cria "o monstro" para, depois, ter de se desfazer dele. É melhor nem criar (pois todos nós somos criadores das nossas ilusões, boas ou ruins), não pensar para não sofrer. O medo mata você antes mesmo de morrer.

De tanto temer a vida, os desafios e as oportunidades, você acaba se tornando alguém que não vive plenamente a vida, mesmo ainda estando vivo.

Todo medo é sinal de falta de fé, e a fé move montanhas...

Se você tiver 100% de fé (no Pai ou em você), não precisará mais temer a nada.

Amplie a sua fé verdadeira e viverá melhor.

Analise os seus medos.

Pergunte a si mesmo por que você tem medo de tal e tal coisa.

Depois, ache um motivo para deixar de senti-lo. Normalmente, a fé, a coragem e a autoestima serão as respostas.

Se a humanidade focasse sua energia no amor, em vez de focar nos conflitos, viveríamos em harmonia e não haveria mais motivo para ter medo.

Ao pensar nas dificuldades que você pode enfrentar, na verdade, você está criando-as e dando força a elas. Pense nos seus objetivos e metas e convença-se de que pode alcançá-los.

Não pense nos problemas, eles fazem parte da vida.

Dedique seu tempo e seus pensamentos às suas metas e à solução dos problemas imediatos, aqueles que surgem no dia a dia e que exigem uma tomada de decisão mais rápida, mas não crie dificuldades que ainda não existem.

Tanto o homem de bem, que quer ajudar a humanidade, quanto o homem mau, que quer prejudicar, alcançam seus objetivos porque eles têm uma característica em comum: não veem obstáculos à sua frente e têm certeza de que vão conseguir o que querem. Por isso são mais fortes do que a maioria das pessoas.

Ter fé é acreditar firmemente em algo, sem margem para dúvidas. Lembre-se sempre do ensinamento de Jesus quando disse que se tivermos a fé do tamanho de um grão de mostarda, diremos ao monte que se mova e ele se moverá...

> "Não julgueis, para que não sejais julgado."
>
> *Jesus*

Julgamentos

Você (corpo, perispírito e espírito) é livre, e basta ter a consciência disso para exercer plenamente essa liberdade.

Quanto maior a consciência, maior a capacidade de opinar.

Você não tem livre-arbítrio, **você é o livre-arbítrio**.

Perdoe para ser perdoado. Dê o perdão a quem não espera e essa pessoa ficará desarmada. O perdão é um caminho de duas vias. Você perdoa e é perdoado.

Ademais, ao perdoar de coração alguém que fez mal a você, a sua parte estará feita e aquele conflito não gerará mais frutos ruins.

Se a pessoa não aceitar o seu perdão, o problema será dela. Se a pessoa não for capaz de pedir perdão pelos atos errados que ela cometeu, não tem problema nenhum para você, pois você já perdoou por antecipação.

Um dia, essa pessoa vai se arrepender.

Analise, entretanto, o outro lado: você se arrepende sinceramente de algo que você fez a alguém e pede perdão. Se a outra pessoa perdoar você, as energias de ambos se harmonizarão. Se não perdoar, o alívio na consciência será só seu. Não espere a iniciativa do outro.

Faça a sua parte, peça perdão e perdoe. Mais importante ainda é você se perdoar primeiro para, depois, pedir perdão aos outros. Compreenda as circunstâncias que levaram você a cometer um erro, perdoe-se, em vez de se condenar eternamente, e depois vá e peça perdão a quem você ofendeu com atos ou palavras. Portanto, perdoe-se para ser perdoado.

Entretanto, não é preciso perdoar, no sentido literal da palavra, alguém que nos ofendeu, prejudicou, machucou etc., porque, na verdade, bastaria agradecer a essa pessoa por ter nos ensinado algo que, talvez, não aprenderíamos se não fosse de forma dolorosa.

Aquilo que, muitas vezes, achamos que foi ou é ruim para nós, pode ser uma excelente oportunidade para aprender e evoluir. Pense positivo até nas coisas e experiências do mal.

Toda ação desagradável que nos atinge encerra no fundo de nós um ensinamento valioso. Basta refletir sobre isso depois de algum tempo e você irá descobrir qual foi o ensinamento. Por outro lado, isso não pode ser aplicado no caso inverso.

Se eu prejudiquei alguém, eu devo sim pedir perdão, primeiramente a mim e, depois, procurar pela pessoa, demonstrando assim que me arrependi do meu ato.

No caso, ao me perdoar primeiro, posso até encarar a pessoa que não quer me dar o perdão, mas aí eu já terei feito a minha parte e não carregarei mais comigo o peso da culpa.

Se, por outro lado, ele não apenas me perdoar, mas também agradecer a lição que lhe apliquei, melhor ainda. Saber pedir perdão e desculpa liberta a alma, contanto que seja feito com sinceridade. Não dá para mentir para si mesmo, você não acha?

Não funciona quando é superficial, tem que vir de dentro.

Não julgue para não ser julgado. Não julgue se algo está certo ou errado. Apenas registre o fato e o tempo dirá se aquilo foi bom ou ruim para você.

Na maioria das vezes, nós temos apenas uma visão parcial dos fatos e, assim, todo julgamento será falho. Da mesma maneira, não dê sua opinião se ninguém pedir a você para dá-la.

Quanto mais você ouvir e menos falar, menores serão os problemas que você poderá criar com um comentário impensado.

Isso vale para as duas situações.

Se você julgar os outros, dará o direito de outros julgarem você. Se não gostamos de ser julgados, por que julgamos os outros? Como é que nós nos julgamos? Com rigor ou condescendência? Estamos aptos a nos julgar ou só Deus pode fazer isso? Não, nossoespírito também pode fazer isso, mas, geralmente, só o faz depois de desencarnarmos, e o arrependimento é grande, principalmente das oportunidades desperdiçadas.

Pior do que julgar é fazer um prejulgamento sem dar o direito da outra parte se defender, se explicar ou dar sua versão dos fatos. É o mesmo que ter preconceito. A palavra já diz: é um (pré)conceito, um conceito estabelecido por antecipação na sua mente.

Uma pessoa, que é igual a tantas outras, sofre uma carga negativa ou a rejeição por parte de outra, apenas por ter a cor de pele, classe social, hábitos ou religião diferentes das demais. Isso não é motivo para não conviver com essa pessoa.

Nós não somos donos da verdade nem podemos impor a nossa opinião e as nossas vontades aos outros, além do mais, elas também mudam ao longo do tempo.

Portanto, podemos e devemos conviver diariamente com pessoas diferentes, pois são essas diferenças que nos fazem evoluir e compreender que somos de origem espiritual e não humana.

Não devemos nos esquecer de que mesmo sendo arrogantes com os outros, nós não gostamos que outros nos discriminem.

Então, vale aquele ditado que diz: *"Não faça aos outros o que não quer que façam a você."*.

Não julgue as pessoas que te aborrecem (o primeiro erro é deixar-se aborrecer). Encare-as como pessoas que cruzaram o teu caminho para ajudá-lo a evoluir e a te tornar uma pessoa melhor (pois estão sendo usadas para testar você), além de serem pessoas necessitadas de ajuda.

Permita-se ser o instrumento de ajuda, direta ou indiretamente. Não existem pessoas más, só desequilibradas (por falta de amor, medo, traumas sofridos etc.) e ignorantes (que ignoram a Verdade). Seja o instrumento de Deus para ajudá-las.

Julgar é atribuir valor e peso às coisas e às pessoas. Isso é desejar, é ter apego e aversão. Não valorize o que é passageiro, o que é impermanente, o que você gosta ou desgosta. Seja neutro. Descubra-se e seja feliz. Equilibre-se!

Não julgue os outros. Faça a sua parte. Dê o exemplo.

Em vez de criticar ou apontar os defeitos dos outros, procure elogiar, incentivar e apontar os pontos positivos do seu próximo para que, assim, possamos caminhar todos juntos construindo um mundo melhor. Somente ao sermos solidários e unidos é que provocaremos mudanças significativas em tudo e em todos.

> "A vida é única, viva-a intensamente."
>
> Osmar Barbosa

Não se preocupe demasiadamente

Quando eu digo "não se preocupe", estou querendo dizer "***não se preocupe mesmo***", isto é, não fique sofrendo antecipadamente por algo que pode não ser um problema de fato, ou que não seja difícil de resolver ou, até mesmo, já esteja resolvido. É gastar energia de forma desnecessária com algo que talvez nem exista ou não seja grave.

Toda a angústia sentida por algo que, às vezes, somente a sua mente criou, se volta principalmente para uma pessoa: *você*, e, muitas vezes, também para os seus parentes, filhos, esposa, marido, amigos ou colegas.

Confie em Deus, acredite na sua capacidade, e enfrente o dia a dia como um leão e não como um animal acuado. Quando você parar de se preocupar em se proteger da morte é porque já estará protegido, até que ela venha a acontecer naturalmente. E ela vai acontecer um dia.

A preocupação, ou seja, a (pré)ocupação com a preservação da vida é a maior ameaça a ela. A vida material tem prazo para acabar, mas a visão material de perigo gera medo, crises e neuroses criadas apenas nas nossas mentes.

Quem entende a vida eterna não se preocupa com a vida passageira em um corpo físico e, se eu não dou importância excessiva a ela, eu vivo esta encarnação em paz, sem insegurança e sobressaltos. Vivo feliz.

Isso não quer dizer que eu não deva cuidar do meu corpo físico, afinal, é ele que me proporciona a encarnação.

A ausência do medo da morte, às vezes, pode até fazer com que eu viva mais tempo e com qualidade de vida, pois é o medo que atrai as ameaças ao corpo físico.

Para me libertar de verdade, toda a vez que eu tiver uma reação negativa, eu precisarei perguntar a mim mesmo: "quem está se incomodando com tal coisa?"; ou "quem está criticando aquela pessoa?". Resposta: "o ego". Não vou dizer "meu ego", pois ele não é meu.

É um ser que insiste em querer mandar no meu corpo físico ou no meu cérebro, mas ele não me pertence. Ele deve ser eliminado por falta de atenção. Portanto, quem critica e se incomoda com as supostas falhas alheias é o ego, e não a alma ou o espírito, que são nossas inteligências superiores. Toda a vez que essa tendência crítica ou magoada aflorar na sua mente, faça essa pergunta e separe o ego de você.

Você não é esse ser mesquinho, você é um Ser espiritual, pleno, completo, expiando para melhorar. Pense assim e isso ajudará você a evoluir e a se libertar da prisão da matéria. Quem se magoa, julga, rejeita, deseja e tem medo? Quem sofre e é infeliz? O ego!

Se uma formiga me morde, quem se incomoda? O ego, guardião do meu corpo. Deixe-se guiar pelo espírito, viva espiritualmente. Aprenda a separar o espiritual do material.

Não há separação entre você e as outras pessoas. Você está sempre encontrando a si mesmo. Por que, então, ter conflitos e destacar as diferenças entre vocês? Quem separa e julga é o ego.

Deus não vê separação entre Ele e seus filhos. Lembre-se de que você é Deus, pois nós somos Deus multiplicados em inúmeras faces e corpos. É certo que ainda estamos em treinamento, mas somos a partícula divina do amor.

Julgar os outros é se condenar à prisão do ego. Se você deixar o ego dominar as suas ações, o seu Eu Divino estará limitado a um mínimo de atividade. É como colocar sua consciência numa prisão.

"Se você julga as pessoas, não tem tempo de amá-las."

O ser humano costuma ter medo de mudanças e novidades. Prefere atacar o novo, em vez de tentar compreendê-lo.

Repelir o que não compreendemos logo de início é, na verdade, a autodefesa entrando em ação, mas, pare, pense, analise e não critique o que você ainda não conhece.

Quando se é jovem, lutamos pelas mudanças e queremos implementar ideias novas. Quando envelhecemos, apegamo-nos àquilo que estamos acostumados e nos tornamos inflexíveis, lutando contra os jovens que querem mudanças.

Esqueça o Ser velho que existe em todos nós e comece a se lembrar de que você também queria mudar o mundo quando era jovem.

Nunca despreze uma pessoa com uma ideia "aparentemente maluca" só por que você não a compreende. Isso é julgar sem entender, é não dar ao outro a chance de se fazer entender. Isso é prepotência, preconceito e, às vezes, orgulho ferido. Dê chance ao novo, ao progresso, tanto material como espiritual.

Não enfrente as pessoas e as situações com a reação comum a que todos esperam de você. Reaja de uma forma diferente ou faça o contrário do que é esperado. Reaja espiritualmente, seja um bom exemplo.

Surpreenda a todos e quebre os paradigmas. Só assim é possível chegar a novas soluções e quebrar conflitos.

Quando alguém te agride fisicamente ou com palavras, a pessoa já espera uma reação igual ou que você fique acuado, assustado ou fuja. Se você mantiver a calma e ainda falar em amor e conciliação, o agressor não terá forças para enfrentá-lo.

Pergunte para a pessoa se ela está feliz após despejar toda a raiva, todos os palavrões e ofensas sobre você. Se ela estiver feliz, diga que você também está, pois você deseja que todos sejam felizes ao fazer o que gostam.

Ao agir assim, você demonstrará que continua indiferente à atitude dessa pessoa, e ela não terá conseguido atingir o objetivo dela, que era o de te deixar humilhado ou arrasado.

Seja como uma parede emborrachada, que absorve o choque de uma pedra sem devolvê-la à origem.

Quando não há reação, a briga não acontece. Saiba se defender, principalmente com palavras de amor, e não ponha "lenha na fogueira", não vale a pena viver desequilibrado.

A paz interior tem uma força invisível que transcende às aparências. Quando um não quer, dois não brigam. Não incentive os conflitos. Afaste-se de confusões e tumultos, eles são desnecessários, e não vão te levar a lugar algum.

Mesmo que algo que o outro faça a você ou aos outros não lhe agrade, procure aceitar as opiniões e os defeitos temporários dos outros, dizendo: "se isso te faz feliz, eu fico feliz por você", com a certeza de que nada permanece como está para sempre.

"Tudo passa...", já dizia nosso amado Chico Xavier.

Tudo neste mundo é impermanente. Quem não precisa da infelicidade do outro é que é feliz de verdade.

Se alguém te xinga, ofende, humilha, machuca, engana ou trai, você não deve reagir com raiva e ignorância. É exatamente isso que o agressor espera de você. Agindo de forma igual, você se assemelha a ele.

Devemos parar para refletir sobre o fato, e entender que aquela pessoa é um instrumento de Deus para me testar e me ensinar alguma coisa. É Deus "vestindo uma máscara" para me ajudar a evoluir. Deus tem formas diferentes de nos ensinar, creia nisso.

Como posso então brigar com Deus? Se a agressão for muito grande e a pessoa não permitir um diálogo, devo então ignorar sem ignorância. Isto quer dizer que devo me calar e deixar a outra pessoa falando sozinha, enquanto eu reflito sobre o tipo de ensinamento que está sendo dado a mim naquele momento.

Pode ser que eu demore um pouco para entender a verdadeira razão ou objetivo, mas vou acabar entendendo. Nós estamos aqui na Terra para aprender através de todo tipo de experiência, e todas elas são válidas.

Por isso, não podemos querer apenas momentos e encontros agradáveis. São as dores e os incômodos que nos fazem agir, refletir e compreender a grandeza de Deus. Importante: essa pessoa também merece o seu amor, afinal, é um irmão em Deus.

Se a agressão for física, aí sim será preciso se defender, mas não partir para o ataque também.

Após um xingamento, uma ofensa, ou até mesmo uma agressão, mantenha-se calmo, sem reagir, e diga para essa pessoa: "eu também te amo, dê-me um abraço".

Ao ouvir alguém criticar ou elogiar você, torne-se um indivíduo só com essa pessoa, tornando-se uma só consciência, e aí não haverá mais conflitos, pois colocar-se na posição dela é entendê-la e algo mais. É ser a pessoa por alguns instantes e ela ser você, e os dois serem um só.

Quando você vive na Unidade não faz mais sentido falar em inimigos, opositores, pessoas más, perigosas ou que possam destruir a sua vida.

Existem os seres conscientes do Uno, os semiconscientes e os inconscientes, que fazem o trabalho de Deus quando nos incomodam, nos fazem oposição e tem o ego exaltado, justamente por serem inconscientes. Do contrário, não conseguiriam cumprir essa tarefa tão bem.

Mesmo querendo nos atrapalhar são uma parte necessária na nossa vida. O professor rigoroso e irredutível, que nos ensina pela dor física e moral, é a parte da dualidade que precisa existir para nos levar à plena consciência e à Unidade.

Todos nós já fizemos esse papel, mas quando são os outros que nos perturbam, nós não gostamos. Está na hora de aceitar tudo o que existe na dualidade para vivenciar a Unidade por completo.

A nossa postura perante a vida e o modo de ver essa realidade ilusória faz a grande diferença.

O espírito permite ao corpo físico que ele viva na ilusão de que ele ***existe*** e luta para se conscientizar de que ele ***é***. Mas só o corpo espiritual realmente ***é***, o resto é ilusão passageira, criada para o espírito aprender com a diversidade.

Uma mágoa que permaneça por mais de uma hora em nossa mente desce para o coração e vai empedrando-o. Só Deus sabe quando sairá de lá. Uma hora é tempo suficiente para perguntarmos a nós mesmos por que nos magoamos, e para tentar descobrir em nós os remédios para a nossa cura. Lembre-se de que o remédio para todos os males está dentro de você.

Só se magoa quem se permite ser magoado. Só é ferido quem se permite ferir.

"Nada nem ninguém ofende a luz."

Se alguém te ofender e você não aceitar, a ofensa não atingiu o seu objetivo e, portanto, ela voltará para quem a mandou.

É o efeito-espelho. Toda energia volta para quem a mandou. Se você estiver em paz, na luz, e no amor, essa atitude será a sua maior proteção.

Não deixe ninguém decidir como você deve agir. Não reaja do mesmo jeito que te tratam. Aja...

A sua paz interior só depende de você.

As pessoas não podem tirá-la de você, a não ser que você aceite ou permita. A escolha é sua! Aceite somente os "presentes" que você quer receber. Você é quem escolhe como viver a sua vida: de bom ou mau humor, feliz ou triste.

Eu não me ofendo, pois entendo que não há nada neste mundo que seja tão importante para fazer com que eu me sinta ofendido; ofender-se é uma atitude de seres inferiores. Quem não se deixa mais ofender, também não ofende mais os outros, a menos que involuntariamente.

Quando alguém te ofender, xingar ou humilhar, simplesmente vire pedra. A pedra não se ofende e não reage, por mais que alguém a xingue. Se você se tornar uma pedra, nada que venha de fora de você o atingirá.

O presente que você não aceita pertence a quem o trouxe. Se o presente que querem te dar é a humilhação, a ofensa ou a agressão, você não precisa aceitá-lo nem reagir. A ação negativa voltará para quem a trouxe. É o uso adequado do efeito do espelho.

A quem pertence um presente que você não quer aceitar? À pessoa que está te entregando. Então, deixe que ela fique com ele.

Isso significa que você não deve aceitar a tudo o que as pessoas querem te dar, inclusive, ofensas, provocações para brigar ou humilhações.

São presentes indesejáveis. Ao não aceitá-los, isto é, não se deixar provocar, o "presente" fica com quem o trouxe: o provocador, o mal-intencionado. Não aceitar, muitas vezes, pode significar não responder ou não se defender de uma acusação.

Vire uma pedra. Pedra não reage nem se ofende.

Outra técnica para não cair na tentação de brigar com alguém que te ofendeu ou humilhou em público é ter a boca cheia d'água. Para não reagir a nenhuma provocação, imagine que você encheu a boca com água e não pode engoli-la de jeito nenhum. Mantenha-se assim até a pessoa ir embora.

Esse é mais um lindo ensinamento trazido da vida espiritual pelo nosso irmão Chico Xavier.

Não basta compreender e aceitar que muitas das coisas que aprendemos e acreditamos durante a vida inteira estavam erradas, e que é preciso jogar tudo isso por terra.

O maior desafio depois disso é eliminar da mente os velhos conceitos e antigos hábitos, e enfrentar a vida com o novo, sem medo nem apego ao velho. É preciso se reciclar constantemente, sem receio das consequências, e essa é a etapa mais difícil.

Quem não está disposto a fazer isso e nem tenta é porque não chegou a sua hora ainda. Aí, é preciso enfrentar os seus medos primeiro.

A humanidade quer desafios leves e se sente protegida pela tecnologia, em vez de usar o potencial que está dentro de cada um e não se perde ao morrer.

E os desafios grandes e os espirituais, também não exigem uma grande dedicação e persistência de nossa parte? Por que não pedimos para tê-los? Feliz é aquele que pede a Deus provas cada vez maiores. Deus nunca te dará uma cruz maior do que você possa carregar. Tenha autoconfiança. Confie em você e em Deus.

Se você passa a acreditar que você e Deus são um só, você já começa a fazer o caminho de volta ao Uno, onde tudo é um só, sem dualidade.

Quem decreta que você tem deficiências (medos, dúvidas, incapacidades) é você. Quem derruba essas deficiências também é você.

"A transformação acontece de dentro para fora, e não de fora para dentro."

Então, não deixe que ninguém te imponha medos, dúvidas, te declare incapaz etc., nem te obrigue a fazer o que você não quer.

Você é dono de si mesmo e só você pode dizer o que quer ou não fazer. Todos nós temos o mesmo potencial dentro de nós. Basta determinar o que você vai externar.

"Não são os ambientes que nos transformam. Nós é quem transformamos os ambientes."

Você tem fé? Muita fé? E em que ou em quem você tem fé? Em Deus? Tem certeza? Você acredita ou confia em Deus? Você confia no seu médico, nos seus pais, na sua esposa ou no seu marido, nos seus amigos, nos políticos e líderes religiosos? Então, por que você tem medos? Então, você não confia nem tem fé verdadeira em Deus.

Você elegeu outros deuses para acreditar. São eles os médicos, cientistas, professores, psicólogos, amigos etc. Estes, são seus deuses. Você acredita neles, dá crédito a eles, mas eles são falhos. Agora, confiar plenamente em Deus, nosso Pai, você não confia. E Deus nunca falha...

Confiar é ter a convicção absoluta de que Ele está certo e protege e orienta você o tempo todo, 24 horas por dia. Você não tem fé no Pai onipresente e onisciente. Se você tivesse 100% de fé em Deus não teria mais medos, teria 0% de medo, teria certezas. Você se transforma totalmente quando crê em Deus.

"A dúvida é terrena, a fé é espiritual."

Você valoriza o plano terreno, os cinco sentidos da matéria, e pouco ou nada do plano espiritual, da verdadeira origem da Vida, que é o mundo de Deus. Você pode até acreditar na existência de Deus, mas não tem fé suficiente de que Ele zela por você sempre.

Se tivesse fé não andaria pelas ruas apavorado com os assaltos e sequestros, não pensaria em ter uma arma para se defender nem em ter um sistema de segurança completo. Ter fé é acreditar firmemente, é confiar plenamente em alguém ou que algo é como você pensa ser.

E só existe um Ser em quem podemos confiar plenamente, sem medo de sermos enganados ou de ele ter falhas: o Pai Maior, nosso Deus.

Deuses existem aos montes, e eles são passageiros, inconstantes, temporários, mas o nosso Pai é eterno, é o Todo, é o princípio e o fim, é o UM, Ele É o que É, é o AMOR.

Agradeça a Deus por tudo o que te acontece todos os dias, mesmo aquilo que te deixa triste, seja com você (doenças, acidentes, invalidez, desemprego, decepções, destruições, guerra etc.) como com as pessoas que você ama ou gosta (morte ou as outras coisas citadas anteriormente).

Entenda que se alguém morre, a decisão de Deus em levara pessoa deste mundo sempre estará correta, não importando quando nem como Ele o faz.

Só Deus sabe a hora certa, nós não. Portanto, não reclame, agradeça. Agradeça, todos os dias, ao belo dia que Deus te deu, não importando o que você passou naquele dia.

Todos nós temos anotado em nossa carteira de identidade o dia no qual chegamos à vida material, mas nenhum de nós tem anotado o dia da volta para a vida espiritual, pois isso pertence somente a Deus, é mistério do Pai.

Se alguém próximo a você morreu, ou se você sofreu o que nós chamamos de desgraça, a decisão de Deus com toda certeza foi acertada e, no fundo, o seu espírito ou o da outra pessoa participou dessa decisão, porque nós somos todos unidos a Deus e o que Ele decide, nós decidimos juntos. Somos parte de Deus a todo momento.

Todas as manhãs, eu agradeço a bela noite que eu tive e decreto que o dia será igualmente belo; e todas as noites, eu agradeço ao belo dia que eu tive e decreto que a noite será igualmente bela.

Faço isso independentemente de como foi o dia ou a noite. Todos os dias, mesmo naquele em que no conceito geral “deu tudo errado”, em que você perdeu bens, emprego, parentes, sua reputação ou sua saúde, ainda assim, terá sido um belo dia na visão de Deus. Pelo menos você experimentou e aprendeu algo, mesmo que você demore a compreender isso.

Agradeça o máximo que você puder e peça o mínimo possível, porque Deus já conhece as suas necessidades. Ele não precisa ser lembrado delas.

Agradecer é aceitar a vontade d’Ele. A forma de rezar é: “Agradeço, Pai, por esta bela noite e façamos com que este dia seja igualmente belo” e “Agradeço, Pai, por este belo dia e façamos com que esta noite seja igualmente bela”. Quando eu peço para que algo se realize, eu tenho que me incluir nessa tarefa. Se eu faço parte de Deus, eu não posso querer que Ele faça tudo sozinho, pois aí estarei me excluindo da Unidade.

De tudo o que eu desejo que se realize, eu preciso participar ativamente. Tudo o que acontece, meu Pai e eu fazemos juntos. Isso é criar consciência de como as coisas realmente acontecem ou são.

Decretar que o dia será bom é afirmar que *nós* o faremos bom, e não alguma força externa. Se eu quero que alguém se cure ou resolva os seus problemas, eu digo que Deus e eu faremos com que isso aconteça.

Se, todos os dias, acordássemos pensando que tudo o que "achamos" ter, na verdade, não passa de um empréstimo de Deus, seria muito mais fácil sorrir e compartilhar com os nossos irmãos de caminhada.

Temos grandes dádivas para compartilhar, dadas pelo Criador, e só somos infelizes por não compreender o potencial delas.

Para aumentar esse potencial e trazê-lo à tona, basta a nossa parcela divina compreender que a luz está sempre acesa. Basta encontrar o interruptor. Acesse a energia divina, sempre presente em nós, penetrando em si mesmo, colocando-a para fora, deixando-a aparecer e usando-a diariamente.

Você cura a si mesmo limpando a sua mente, encontrando o equilíbrio, a paz interior e doando amor. Desse modo, as influências externas não te atingem e você deixa de gerar doenças em si.

Toda doença começa na mente por causa do desequilíbrio. Quando um médico te orienta a fazer um tratamento ou você toma um remédio, você está apenas permitindo que algo externo equilibre o seu interior, mas a razão da sua cura é a crença de que aquilo vai te ajudar, isto é, a tua permissão para que aquilo funcione.

Nós não pertencemos a este mundo, a este planeta. Ele não é o local de nossa origem nem é o último e definitivo. Nós estamos aqui de passagem, temporariamente. Somos todos de outro lugar, creia nisso!

Aqui é apenas uma etapa muito pequena da nossa longa jornada de evolução espiritual. Acabe de vez com essa visão restrita. Nós somos seres cósmicos e não pertencemos ao Universo, mas sim ao Uno. Nossa origem, o ponto de partida e para onde vamos retornar, é o Uno.

O Universo é apenas um dos lugares de experimentação, imperfeito, feito de bipolaridade ou dualidade, mas tudo nele está interconectado por uma malha gigante. Por isso, o macrocosmo equivale ao microcosmo, o que está em cima equivale ao que está embaixo.

Mude a sua perspectiva e viva!

Se eu me coloco no mundo dual, o Universo conspira contra mim. Eu mesmo o permito.

Se eu me considero no UNO, o Universo conspira a meu favor. Para isso, é preciso harmonizar os opostos. Não basta equilibrar as duas metades em tamanho ou força equivalente. É preciso integrar as duas metades para formar uma coisa só novamente.

Se nós somos capazes de entender o microcosmo abaixo de nós, e entender que os seres minúsculos não conseguem nos compreender nem notar, então como podemos ter a audácia e a pretensão de achar e declarar que no macrocosmo não existe força maior que nos observa e nos manipula?

As perguntas: "Quem somos? De onde viemos? Para onde vamos?", só fazem sentido para o mundo dual, bipolar, ou seja, o Universo. Quando nós nos iluminamos e atingimos a sabedoria plena (voltamos ao Uno), essas perguntas deixam de fazer sentido e não precisam mais ser respondidas.

No Universo, os espíritos têm a chance de serem criadores, de repetir os atos de Deus. Tudo o que nós fizermos, Deus já fez antes. Tudo mesmo. Nós evoluímos mais rápido quando estamos num corpo limitado, pois precisamos lutar diariamente para vencer os obstáculos, a resistência, a limitação.

No Uno, Deus está na eterna Luz [Ele é a Luz] e tudo é bom. Portanto, não há mal. Bem e mal só existem no Universo, onde existe dualidade. Logo, também não há tempo (passado e futuro), espaço (distância), dimensões e massas diferentes, sofrimentos, dúvidas, medos, melhor e pior. Lá é a perfeição, o paraíso verdadeiro.

Quando nós, espíritos, entramos no Universo dual, Deus passou a viver junto de nós. Todos os espíritos também aprendem com as ações de seus irmãos. Somos aprendizes e todos chegaremos à perfeição.

Por que nós sempre nos vemos separados de Deus? Se fazemos parte d'Ele, por que nos vemos como corpos separados? Aí está a causa dos nossos defeitos: falta de entendimento e compreensão, falta de fé, amor e bondade.

Você precisa assumir o seu espiritual. Esqueça a divisão e a separação, que só criam conflitos. Você é uma coisa só, uma luz infinita. Deus e nós somos um só corpo, somos o UM.

Se Deus é Uno, por que Ele se dividiu? Qual foi a finalidade? Após chegar à perfeição, Ele resolveu multiplicar-se em infinitas partículas que chamamos de "filhos" ou "espíritos". Apesar dos filhos poderem ter uma vida independente, eles estão irremediavelmente ligados a Deus.

Nada pode romper com essa ligação. Por isso, os "filhos" podem ser vistos também como outros corpos de Deus que agem em pontos diversos do Universo, todos ao mesmo tempo; e Deus acaba usufruindo de todas as incontáveis experiências no mesmo instante. Em outras palavras: não existe o Pai e os filhos separados, pois não existe espaço e distância no mundo de Deus.

Todos nós somos apenas a extensão do corpo infinito de Deus, que é luz. Onde nós estivermos, lá estará Deus. Essa é a melhor forma para explicar que Deus é onipresente. Em vez de executar uma ação por vez, Deus pode executar milhões ou bilhões ao mesmo tempo, e ainda fazer cada um dos corpos interagir o quanto Ele quiser.

A vantagem é que toda nova ideia que um dos corpos tiver, ela pode ser posta em prática e não só ficar na possibilidade. Deus quer que experimentemos tudo e não há limitação alguma. Nós agindo é Deus agindo.

Criamos o Universo dual quando negamos Deus em nós. Aí surgiu a dualidade e a escuridão. A bolha da ilusão de tempo e de espaço está dentro da Unidade. Na verdade, este mundo aqui não existe.

É como a um jogo virtual. Não há dualidade. É uma criação mental coletiva, que pode ser desfeita na hora em que decidirmos fazê-lo, mas depende da decisão da maioria. Como a maioria é inconsciente, é preciso desencadear um processo de conscientização.

Um começa e, por efeito dominó, os outros são contaminados com a mudança de conceitos e vibrações. Como todos nós estamos interligados, o efeito se espalha.

Vamos juntos mudar o mundo?

“

Quando acordamos para a vida, a vida acorda para nós.

”

Osmar Barbosa

A criação

A glândula pineal equivale a 1% do nosso corpo, mas quando ela desperta pode fazer 100% de diferença. Ela pode desencadear o despertar espiritual do seu ser e de todos os outros.

Nós fomos criados na Unidade e nunca iremos nos desligar dela. Não existe um “se afastar” de Deus, apenas uma perda temporária dessa consciência.

Nós não somos filhos desgarrados do Criador, não estamos perdidos no Universo. Todos nós estamos ligados a Deus e a todos os nossos irmãos por fios invisíveis, não importa onde estejamos. Sabe qual é a força que cria esses fios e nos mantêm unidos? O AMOR. É a única e eterna energia que se expande e também gera coesão.

Não dá para explicar nem manipular. Essa energia é o Amor, e o Amor é DEUS. Não se pode ver, ouvir ou tocar a Deus, somente senti-lo.

O espírito, após ser criado por Deus, não perdeu a consciência para recuperá-la na prática do Universo dual.

Uma explicação para acreditar que é possível concluir agora o processo evolutivo no Universo, sem passar por todos os estágios, é entendendo que me tornando Deus, conectado com todos os nossos irmãos no Universo, eu (espírito) posso saber de tudo na prática através dos corpos dos outros.

Aquelas vivências às quais eu, como espírito, não experimentei, eu adquiro através de outros espíritos que estão vivendo cada uma das experiências, das mais simples até as mais evoluídas, ao mesmo tempo.

Se eu não quiser passar por todas as etapas, irei vivê-las através dos outros, como Deus o faz. Como todos nós somos parte d'Ele, basta se conectar nessa consciência e fazê-lo na hora que eu quiser.

A liberdade que Deus me deu, permite a mim aprender a tudo dessa forma ou fazer isso por um tempo e, depois, voltar ao processo mais lento e gradual, ou só aprender a tudo individualmente.

É preciso criar a consciência da Verdade.

É preciso despertar-se espiritualmente.

Tudo a nossa volta, inclusive nós, fazemos parte da Unidade e nunca estivemos separados dela.

Para ser Uno não é preciso voltar a um passado longínquo (ao centro do Universo ou ao Mundo de Deus), nem viajar para lugar algum. Lembre-se de que tempo e espaço são uma ilusão da terceira dimensão.

É preciso apenas uma **mudança de atitude mental**, e automaticamente voltamos a ser Unidade, pois o Universo está e sempre esteve inserido na Unidade.

É um jogo virtual, uma ilusão temporária, um sonho, um microcosmo dentro do macrocosmo, que é a Unidade, e nunca deixou de ser.

Eu sou a Unidade, você é a Unidade, meu corpo é Unidade, a cadeira, a casa, o carro, tudo a nossa volta é Unidade. É como uma bolha de dualidade dentro de um mundo Uno. Se Deus se tornou Unidade, nunca deixará de ser Unidade, e ninguém que seja parte d'Ele sai da Unidade.

Então, somos Unidade.

Como Deus, que é a perfeição, poderia criar algo imperfeito? Tudo o que vem d'Ele é perfeito e nunca deixará de ser (incluindo você).

Isso não impede que Deus queira experimentar algo que não seja Unidade (na nossa visão, pois, na verdade, a dualidade faz parte da Unidade).

Dentro de um corpo maior podem haver desarmonias passageiras que, fatalmente, voltam à Unidade em seguida.

Se o meu corpo inteiro estiver em equilíbrio, eu posso ter um pequeno desarranjo momentâneo, que cause dor ou incômodo, mas, em seguida, os mecanismos do corpo vão devolver a harmonia a ele.

O nosso corpo e a Unidade são autorreguláveis, isto é, voltam ao equilíbrio por si mesmos.

Todos nós somos luz, inseridos na Luz Maior que é Deus.

Essa é a forma de libertação maior do bloqueio criado na nossa mente. Um bloqueio aceito voluntariamente por todos nós espíritos, quando Deus decidiu que deveríamos experimentar o Universo dual.

Agora, a brincadeira de Deus, que serviu para ampliar a experiência dos espíritos e comprovar a teoria na prática, está acabando. Tudo o que é ilusão é impermanente, vem e passa, com aquilo que nós chamamos de bom e de ruim. Viva a liberdade! Viva a Luz! Viva o Amor! Viva a Unidade e a plenitude!

Eu pratico também a todo o bem que está sendo feito na Terra e no Universo, mas de todo o mal, eu também sou participante.

Eu ajudei a construir este mundo. Com essa consciência, eu posso e devo ajudar o mundo a melhorar: mudando os meus pensamentos e ações, deixando o amor fluir, ou melhor, sendo o Amor, como Deus.

Dividir o nosso Ser em três partes (corpo, perispírito e espírito) é criar conflito entre eles. Nós somos uma Unidade, um corpo único em evolução, cada parte com uma função, mas inseparáveis enquanto existirem.

O ser humano é uma miniatura do Universo. Se dividir o homem, dividirá o Universo. O espiritual é o centro de seu Ser, enquanto o material é a circunferência (corpo) dele. A circunferência não pode existir sem o centro, assim como o centro não existe sem a circunferência.

A nossa tarefa é ajudar o centro a tornar-se claridade e pureza. Então, essa pureza será refletida na circunferência. Se o seu centro for belo, sua circunferência acabará se tornando bela, e se sua circunferência for bela, seu centro será afetado por essa beleza.

Estando na Unidade, se eu bater em alguém, ao mesmo tempo serei o espancado. Eu sou o agente e a vítima.

A Lei da Ação e Reação é imediata. A diferença de tempo é apenas uma ilusão terrena.

Você não existe separado da natureza.

Somos um só... uma única energia.

Somos a Unidade no Todo.

Lembre-se de que o homem, a cidade, as outras obras criadas por Ele, e a paisagem intocada fazem parte da natureza.

Você tem uma religião? Se a sua resposta for “sim”, eu direi: Que pena, pois eu não preciso de uma religião. Eu já estou ligado a Deus o tempo todo e não preciso me religar a Ele (religião vem da palavra latina *religare* = religar-se a Deus).

Você tem uma religião ou é ela que tem a você?

Na maioria dos casos, as religiões comandam a vida do fiel, dizendo a ele o que ele deve ou não fazer. Deus, que é todo amor, não manda, não exige, não condena, e não castiga. Deus te fez livre, lembra-se do começo deste livro?

É preciso trocar a fé cega pela fé raciocinada, ou melhor ainda, não pensar e apenas sentir... o coração, a morada de Deus em nós.

Espiritualidade não é religião.

A religião divide os homens, a espiritualidade os une.

A religião é do homem, a fé é de Deus, o Criador Primordial.

Deus está sempre presente na sua vida, mas você pode se sentir afastado d'Ele por falta de consciência. Não há desconexão verdadeira, e isso não é problema para Deus, pois Ele sabe que temos o nosso tempo, o tempo do despertar espiritual.

Só você pode se sentir temporariamente afastado d'Ele, até que a consciência volte, e a ligação eterna se faça sentir novamente.

O planeta Terra está na Unidade. Esse sonho é parte do Todo. Apenas desfaça a ilusão, acorde do sonho, saia da dualidade, abandone o conceito ou o paradigma errado! Viva a verdadeira vida... a espiritual.

Se nós somos a extensão de Deus, Ele experimenta tudo o que passa no corpo físico através de nós, mas é errado pensar que Ele esteja aprendendo conosco à medida que evoluímos, pelo menos não no ritmo do nosso tempo. Já que não existe passado, presente e futuro e, além de tudo, vivemos em várias dimensões ao mesmo tempo.

Só nós não temos a percepção disso, mas temos que nos conscientizar de que Deus está zelando pela nossa evolução.

Ele irá sempre acrescentar mais uma experiência através daquilo que fizermos usando o nosso livre-arbítrio, mas, em linhas gerais, isso tudo acontece em tempo real, através da multiplicidade de corpos.

Se temos consciência de que este mundo é pura ilusão, que só serve para buscarmos a Verdade, por que não conseguimos nos livrar dessa ilusão?

Uma das respostas é que saber o que é certo é bem diferente de colocar esse conhecimento em prática. Saber é uma coisa, fazer ou vivenciar essa realidade é outra muito distinta. Pode exigir tanto ou mais empenho e luta interior do que a etapa anterior, a de chegar a entender a Verdade.

A outra resposta é: porque o seu corpo físico está inserido no mundo ilusório. Se o corpo depende dos quatro elementos, foi formado por eles e os vivencia através dos cinco sentidos físicos, não é possível, simplesmente, se ausentar dele. Por outro lado, o espírito comanda a mente, que dirige o corpo físico.

Quando o espírito decide que a mente deve criar consciência, o corpo obedece. Assim, o corpo pode extrapolar os cinco sentidos e superar as barreiras impostas pelas falsas leis da Física. Pode-se, assim, anular a ação da gravidade, esquecer o peso, o cansaço, e a dor, viajar ao passado e ao futuro, voar, sobreaquecer o corpo, ver em todas as direções, pular distâncias incríveis, correr a uma velocidade incomum, viver de luz, e muito mais.

Só não é possível fazer isso o tempo todo, pois se fosse já não faria parte deste mundo.

É um erro achar que aqui na Terra, encarnados, nós aprendemos. Aqui, nós apenas "relembramos" o que já sabemos e aprendemos no mundo espiritual e, sendo assim, recebemos inspirações desse mesmo plano espiritual.

Aqui, é o lugar das provas e expiações e todos nós precisamos delas para evoluir. Então, nada vem do plano material. Pensando assim, nós só estamos mantendo conhecimento vivo no plano material para não sofrer mais.

É possível concluir, então, que não faz muito sentido encarnar e estudar a vida inteira, apenas para conservar e compreender o que a alma já sabe e, novamente, voltar ao plano espiritual. É perda de tempo e energia.

Restringir esse conhecimento seria atrasar o progresso da humanidade e ficar apegado aos falsos prazeres do plano material, que são passageiros.

Deixemos fluir as lembranças da Verdade e, assim, poderemos partir mais cedo dessa prisão temporária, e voltar a permanecer onde é o nosso lugar.

A prática da sabedoria (adquirir experiência prática) precisa ocorrer no plano físico, mas quanto menos obstáculos colocarmos a esses testes, mais cedo terminaremos.

A comunicação intensa e sem mistérios com nossos irmãos do plano espiritual facilita muito o encurtamento dessa experiência. Se você é médium, exerça sua mediunidade sem limites, e isso ajudará você a compreender tudo o que você é em essência.

Para cada árvore que você cortar, plante duas outras. Assim, se uma não vingar, pelo menos você terá reposto aquilo que tirou da natureza. Essa deve ser uma regra a ser seguida por todos, ecologistas ou não, pois a preservação do planeta depende de todos nós, estejam os seres preocupados com o meio ambiente ou não.

Siga a essa mesma regra para todas as outras coisas na vida.

Para todas as coisas e para todas as pessoas que você destruir, se afastar, prejudicar, ferir, humilhar etc, reponha ou retribua tudo em dobro através de boas ações, de ajuda ao próximo, do perdão, criando novos amigos, indicando o caminho certo, apoiando com boas ideias, com dinheiro ou ações, doando amor sem esperar retribuição etc.

Se você não puder reparar os seus erros com a própria pessoa com a qual prejudicou, peça perdão à pessoa, direta ou indiretamente, arrependa-se, e faça o bem a outras pessoas como forma de compensação.

Deus fará o outro te perdoar, contanto que você peça perdão à pessoa ou a Deus primeiramente. Mas faça isso hoje, antes da outra pessoa morrer. Não crie assuntos pendentes para o futuro. Somente Deus pode dar o perdão, mas isso não nos isenta de tentar imitá-lo.

A melhor forma de aprender com a vida é ter acesso a Deus em você. Em seguida, é ouvindo a intuição e os ensinamentos dos espíritos de luz; é através de diálogos com outras pessoas, por meio dos livros, ouvindo a palestras, observando a vida, assistindo a filmes e à televisão, e ouvindo música, mas não necessariamente nessa ordem.

Por que as coisas não dão certo na sua vida? Porque você decreta o mal antes mesmo de ele acontecer.

O medo de que algo possa não dar certo é o que atrai ainda mais aquele mal. O que você pensa você realiza. O pensamento e a palavra têm poder. Que tal atrair só coisas positivas? Pense nisso...

Se você fosse mudar de lugar e de estilo de vida, de que abriria mão? Por quê? Faça uma lista. Pense bem...

Que mais? Após mudar de assunto, passados 15 minutos, refaça a lista aumentando-a ou reduzindo-a. Mudou? A lista é falsa.

Você realmente renunciaria a tudo o que colocou no papel? Tem certeza? Então, por que ela é falsa? Você precisaria de um dia inteiro ou uma semana toda para pensar bem a esse respeito, conversando com várias pessoas de estilos, idades e pensamentos diferentes e, também, para analisar a si mesmo, sem se iludir e ser fantasioso.

Não se iluda ao afirmar que é capaz de se livrar de algo, quando, na verdade, você não ficaria dois dias sem aquilo. Não engane a si mesmo. Aí, eu pergunto: você consultaria os seus guias espirituais? Você perguntaria a Deus o que deve mudar?

Por que não?

Não seja apressado, nem egoísta, nem orgulhoso, nem falso consigo mesmo. Você poderá chegar mais próximo da realidade, que só na prática se revelará por inteiro. De boas intenções o mundo está cheio.

Devo viver de modo a desencarnar sem medo de ter errado, deixado de cumprir algo ou prejudicado alguém, isto é, sem peso na consciência, e sim com a sensação de dever cumprido, que fiz tudo o que podia.

O medo, os desejos e o apego a este mundo fazem com que você prolongue o seu ciclo de reencarnações. Sinta segurança, livre-se dos desejos que o fazem sofrer e pratique o desapego. Esse é o caminho para a libertação espiritual.

Quando a Justiça e a Misericórdia andam juntas não importa a roupa que se veste. A elegância pode ser vista na luz que transborda e você é e sempre será luz.

Eu já me absolvi dos meus pecados. Eu não tenho pecados, pois quem me condena pelos meus "supostos" pecados sou eu e não Deus. Os homens criaram o conceito do pecado e sofrem com a sua própria condenação.

Deus não nos condena. Ele nos ama da forma como somos. Não somos pecadores, e sim espíritos experimentando a dualidade em corpos físicos, limitados e sujeitos a falhas. Experimentaremos quantas vezes forem necessárias para nos tornarmos o desejo de Deus, para isso, Ele nos deu as reencarnações.

"A felicidade é um estado de espírito."

Osmar Barbosa

A felicidade está ao seu alcance

Para ser feliz é preciso primeiramente saber o que é a felicidade e, depois, como obtê-la. Não é tão difícil como parece, vamos lá?

As pessoas, em geral, são infelizes porque não aprenderam a aceitar o mundo como ele é, com todas as suas falhas e possibilidades de sofrimento e, por isso, não vivem em harmonia com as pessoas, com o mundo, e com a natureza.

Deixar de desejar ou temer as coisas deste mundo é o primeiro passo para a felicidade plena. Não desejar nada deste mundo é se libertar dele e do ciclo de reencarnações, tenha a certeza disso.

Não é possível obter a felicidade através dos bens materiais (pratique o desapego), nem ficando com a pessoa desejada. Isso só serve para alimentar o ego. Desfaça as amarras que te prendem a pessoas e coisas.

A verdadeira felicidade só pode ser descoberta dentro de si mesmo, pois ela é um estado de espírito, decorrente da paz interior e do equilíbrio.

A felicidade não depende do lugar onde você esteja (em uma prisão ou em um lugar paradisíaco), nem do que você possui, e sim, de como você se sente e encara a vida. Portanto, a "chave da felicidade" pertence a cada um de nós, individualmente. Desperte, você é um espírito, e não matéria...

A felicidade não é o prêmio que você conquista no final do caminho. A felicidade é o caminho e, se você seguir os meus conselhos, irá encontrá-la rapidamente.

Para ser feliz aceite o mundo e as pessoas como são... mas mude o mundo para melhor um pouquinho a cada dia. Altere tudo aquilo que não te deixa encontrar a felicidade, mas faça isso lentamente, começando por você.

Para manter-se feliz, faça algo que leve alegria ao próximo. "*Faça aos outros o que desejaria que fizessem para você*". Lembra desse ensinamento de Jesus? Está lá em Mateus, 7;12.

Deseje de coração a verdadeira felicidade àqueles que se dizem seus inimigos. Se eles conseguirem ser felizes, irão se ocupar em vivê-la, e deixarão de pensar em como lhe fazer mal. Essa dica é infalível.

Emane luz e amor de forma incondicional, como fazem a Lua e o Sol. Eles alimentam a todos os habitantes da Terra com luz e amor, sem discriminar nem julgar méritos de ninguém, e também não cobram por isso.

Faça o mesmo. A felicidade é o resultado de como você encara a vida, de como você vive a vida. A felicidade, às vezes, depende apenas da decisão de querer ser feliz. Nós precisamos convidar a felicidade para que ela entre em nossas vidas, que ela seja parte da vida.

Nós estamos na Terra para procurar pela felicidade, e não para achá-la. Por isso dizem que a felicidade não é deste mundo.

"Felicidade é ter paz de espírito, é não pensar."

Quem pensa se apega e sofre.

Se o sorriso de uma criança inocente te alegra, seja como a criança e espalhe felicidade ao seu redor, sem dizer uma só palavra, apenas emanando *amor*.

Se você estiver feliz, com certeza fará Deus feliz também, pois Ele está dentro de você, e o que Ele mais deseja é que você seja feliz.

Se você perguntar a Deus o que O faria feliz, certamente Ele dará a resposta fazendo a mesma pergunta para você: "O que te faz feliz?". Feliz também é aquele que crê na espiritualidade sem precisar de provas concretas. Você é muito mais do que imagina... creia!

"Felicidade é quando o que você pensa, o que diz, e o que faz, estão em harmonia."

Se fatores externos o tornam infeliz, você não deve culpar as pessoas, as coisas ou as situações como inimigos da sua paz. Mude o objetivo. Olhe para si e pergunte: Por que eu me incomodo com isso? Isso realmente tem importância ou posso conviver e me adaptar às pessoas ou às situações? Se eu não der importância, aquilo deixará de me incomodar, é simples.

O que te impede de ser feliz? Somente você mesmo, e a sua inconstância. Mudar isso também depende apenas de você.

Liberte-se de tudo o que te aborrece e te faz sofrer na vida. Felicidade só se alcança com liberdade, e viver a plena liberdade, é ser feliz. Essa liberdade se alcança dentro de nós e não externamente. Lembra que eu disse que a mudança começa por dentro? E tudo o que mudamos por dentro refletirá por fora? Esse processo é automático.

Felicidade é sentir que você se basta plenamente. É quando você se basta e age ou é como Deus, que é livre, se basta e não precisa de nada nem de ninguém. Seja Deus, pois é isso que você é. Assuma essa realidade e seja feliz. Você é um "deusinho" em treinamento, creia nisso...

Qual é a condição para ser feliz? O amor causa a felicidade, portanto, ame a Deus acima de tudo e ao próximo como a si mesmo. Amar as pessoas ao nosso redor não é tão difícil assim, na verdade, é um exercício que deve ser praticado todos os dias.

O bom humor está na frequência do amor. O riso é uma das chaves para a liberdade. Sorria mais...

Nessa jornada espiritual em busca do despertar da consciência divina, você deve ter metas, coloque metas em tudo o que te torna um Ser melhor.

Lembre-se de que existe um objetivo final para Deus. O que interessa é a caminhada infinita para aumentar sua luz, esse é o objetivo de Deus quando permitiu a você estar encarnado. Você irá se tornar um espírito perfeito, nem que isso leve milênios... pois somos todos UM. O tempo do nosso Pai é muito diferente do tempo em que vivemos, e Ele nos espera na Unidade, que é a nossa realidade espiritual.

E essa caminhada é aqui e agora. É ela que eu devo vivenciar plenamente e me sentir feliz. A plena felicidade em realizar as coisas deve ser sempre AGORA.

A felicidade **está** na eterna caminhada. Eu **sou feliz** porque **estou** a caminho. A sua meta deve ser sempre a de se reconhecer como espírito eterno que és, e evoluir o tempo todo, aproveitando TODAS as oportunidades que se apresentam em sua vida.

A chegada não importa. Não precisamos correr para algum lugar, apenas dar cada passo lentamente, com plena consciência do que somos em essência. Portanto, a felicidade não está no final, mas na própria jornada. Não existe um caminho para a felicidade. A felicidade é o caminho (ou), serfeliz é o caminho, como já disse.

Perguntaram para mim: "O que você está fazendo aqui na Terra?". Eu respondi: "Me divertindo, é claro.". "Se divertindo? Como assim? Esta vida aqui quase só tem desgraça, problema, dor,injustiça, e poucos momentos de alegria e prazer.".

Só porque você quer sofrer. Eu escolhi me divertir de verdade. Qual é a melhor maneira de uma criança aprender algo? Brincando e se divertindo.

Se Deus é perfeito e feliz, Ele também vai querer que seus filhos sejam felizes onde estiverem e, para isso, eles precisam se divertir. Seu espírito sabe disso. Falta o seu corpo físico entender que é assim que se vive, falta a você se reconhecer como espírito. Entretanto, se divertir não é se embriagar ou dançar loucamente em festas, se divertir é fazer sorrir todos aqueles que expiam nesta vida com você. É ser alegre, gentil, amoroso e compreensivo.

O amor só atrai a felicidade, e toda dificuldade, dor, tristeza e infelicidade vão embora num passe de mágica, como se nunca tivessem existido.

Mesmo os problemas e os conflitos humanos são diversões para o espírito, porque ele sabe que só assim o aprendizado se faz completo, e ele não precisa ficar infeliz por isso. Ele está na plenitude, na paz, no amor, na Unidade, e nada o tirará desse estado de espírito.

"Deus é feliz e seus filhos também."

Acontece que o que você e a maioria das pessoas consideram momentos de felicidade e de prazer, na verdade, não o são para Deus e para os espíritos, ou seja, beber, fumar, ou dançar loucamente em uma festa ou danceteria, como disse anteriormente. Comer demais, praticar sexo em excesso, fazer farra, bagunça, ouvir músicas hipnotizantes, gastar dinheiro à toa, viver no luxo, viver às custas dos outros, não trabalhar etc., são apenas ilusões de felicidade.

Divertir-se, no sentido espiritual, está bem longe disso e, no entanto, é mais pleno e duradouro. "Quemse diverte é o espírito e o corpo só sente o reflexo.".

Ao morrer/desencarnar serão feitas apenas duas perguntas a você: "Você foi feliz?" e "Você fez alguém feliz?". Se você puder responder "sim" a pelo menos uma delas, então terá cumprido bem a sua estadia aqui neste planeta.

Eu vim aqui para ser feliz. Então, devo ser feliz o tempo todo.

Não devo lamentar o nascimento nem a morte, tampouco os obstáculos e os testes difíceis da vida. Se eu reclamar de algo é o ego que está reclamando.

O espírito está feliz com tudo o que ele aprende na prática através do corpo físico. Então, vou reclamar do quê? A voz de Deus (do espírito) é a voz da razão e da verdade.

Digo isso porque algumas culturas lamentam o nascimento dos bebês, pois sabem que eles estão entrando em um mundo de sofrimento. Outros lamentam a partida da pessoa querida para o mundo espiritual, por apego e egoísmo.

O certo mesmo é comemorar a vinda de alguém para este mundo, apesar de a verdadeira vida ser na espiritualidade, porque uma criança é sempre uma bênção na vida de uma família; e ficar igualmente feliz quando alguém partir e voltar para a sua origem, isto é, se libertar.

Eu decreto se o meu dia será bom ou não, se serei feliz ou mal-humorado. Tudo depende unicamente de mim, de como me comporto, do que acredito e como levo a minha vida diariamente.

Ao acordar, eu afirmo que o meu dia será bom, e nada do que aconteça irá tirar o meu bom humor. Mesmo que, no momento ou nas horas seguintes, eu me machuque, sofra um acidente, seja assaltado, o pneu do carro fure, o chefe reclame de mim, eu descubra uma doença, ou que minha mulher tenha me traído, mesmo assim, eu continuarei feliz.

Eu entendo que todas essas adversidades fazem parte das experiências e resgastes pelos quais eu preciso passar nesta vida. Não são motivo de incômodo, na verdade, tudo é lição, aprendizado e resgate.

Deixar me levar pelas circunstâncias diárias é virar um joguete da vida.

As experiências e notícias boas não devem me deixar eufórico, elas trazem um conteúdo de alegria; e os fatos e notícias ruins também não devem me deixar arrasado, amedrontado, deprimido ou enraivecido.

Tudo o que acontece neste mundo passa, as coisas boas e ruins também passam, como disse o nosso amado Chico Xavier. Nada dura para sempre. Preciso cultivar uma neutralidade saudável para achar o meu ponto de equilíbrio, e descobrir que não preciso de nada do que a vida terrena me oferece, e tudo tem por objetivo me aperfeiçoar.

Viva o tempo presente, pois é ele o que importa.

O tempo presente é o único verdadeiro, mas o passado e o futuro fazem parte do presente, pois tudo faz parte de um todo. Deixe o passado em seu devido lugar, no passado.

Viva o presente!

Se algo te aborrecer, desligue, pense em outra coisa, e não carregue com você pensamentos tristes o dia todo. Também não traga para o momento atual mágoas ou lembranças ruins do passado. Isso é alimentar o sofrimento sem necessidade.

Viva o agora independente do que você fez ou te aconteceu no passado.

A natureza e, principalmente, os animais nos ensinam como viver neste mundo e como se desligar logo da matéria. Eles vivem somente o momento presente, o agora, não reclamam do tempo (calor, chuva ou frio), e aceitam as mudanças que vierem. Não julgam, não ofendem, não exigem nada que ultrapasse o básico, como comida, água e um abrigo do frio excessivo.

Se nós agíssemos como os animais, estaríamos aptos, em pouco tempo, a deixar este plano material e vivenciar uma dimensão mais espiritual. Eles são os nossos guias para a espiritualidade. Imite-os.

O meu bicho de estimação é muito mais consciente da Unidade do que eu. Ele não julga os cheiros que sente. Seja fedor ou perfume, ele apenas cheira e não reage. Ele apenas constata o cheiro. Ele vive no agora e não julga. Nós também deveríamos agir assim com a maioria das coisas.

Os animais são o modelo de perfeição que devemos seguir.

Os exemplos estão na nossa cara o tempo todo. Eles não são irracionais, mas unificados com Deus. Não julgam, aceitam os seus semelhantes e convivem com as diferenças, com as mudanças do ambiente e do tempo, mas, quando é preciso agir, eles o fazem sem questionar e sem se arrepender.

Além disso, vivem só no tempo presente. Cada um tem a sua característica própria, e uma limitação determinada para cada espécie, mas isso apenas para cumprir com o seu papel específico na harmonia do conjunto. Nós também devemos cumprir com o nosso papel com mais empenho e, principalmente, com amor, sempre com amor.

"A vida só nos traz ensinamentos úteis por meio das experiências pelas quais passamos."

Tudo tem uma razão de ser. Nada é por acaso. Você não é um acaso...

Se eu busco por uma resposta hoje e ela não vem, eu tenho a certeza de que ela viránа hora certa. Não tenha mais dúvidas e incertezas. Quando a dúvida desaparece, a certeza entra e fica, **ou**, invertendo a frase, "quando a certeza entra em sua vida, a dúvida desaparece".

"Na plenitude da paz não se julga."

Basta permitir e o Todo se faz presente. Você se integra novamente ao Todo e a bipolaridade deixa de ter sentido. Não deixe a ideia da dúvida penetrar em sua mente.

A impaciência e o imediatismo são alguns dos maiores obstáculos para você atingir o seu objetivo.

Nessa caminhada evolutiva, Deus vai encaminhar até mim as informações e conhecimentos necessários através de pessoas, livros, sinais da natureza, provas que talvez eu possa achar muito difíceis, mas que têm um objetivo e um propósito para mim.

É Ele e o meu espírito que decidem de que forma isso vai acontecer. Não devo negar a ajuda de ninguém, mas também não posso depender dos outros nem exigir que um mestre me ensine a tudo. Eu preciso descobrir por mim mesmo qual é o caminho e me sentir feliz por achá-lo. *A satisfação da eterna busca é o meu incentivo.*

Cada conquista é um prêmio.

Nunca pense que você é o primeiro a passar por certas situações. Tudo o que vivemos e fazemos, outras pessoas já passaram, absolutamente tudo, bom ou ruim. Tudo o que sentimos e pensamos, outros já experimentaram, sem exceção.

Livre é o homem que nada possui e nada deseja. Ele tem tudo. Ele é o Todo. Todos nós quando tiramos a roupa (pele ou corpo físico), somos ***luz***, a essência divina herdada de Deus. Afinal, somos filhos e herdeiros d'Ele, a pura Luz.

O corpo atual não é o definitivo, e sim, passageiro. Não podemos culpar o nosso corpo e as suas tendências erradas pelo resto da vida, se fomos nós mesmos que escolhemos por quais provas iríamos passar. Toda a encarnação é planejada antes de acontecer.

A vida, boa ou ruim, tem sempre uma lição a nos ensinar. Destruir o nosso corpo com hábitos inadequados (vícios, perversão, gula, autoflagelação etc.) é tão errado quanto assumirmos a culpa e nos punirmos por algo que escolhemos antes de encarnar para servir de prova a ser superada. É suicídio...

Nós não somos o corpo atual, somos muito mais que isso. Somos espíritos eternos, imortais e destinados à perfeição. Ilumine e esclareça, não àqueles que já são iluminados e que te entendem, mas àqueles que precisam e se opõem à luz. Seja luz por onde passar...

Dar amor a quem já o tem, não é vantagem nenhuma.

Abandone a sua condição de vida artificialmente protegida. Ela é uma arma apontada para você. Viva, por um tempo, em condições nas quais não esteja acostumado.

Saia do casulo, mas não pense que também não haverá surpresas desagradáveis e dificuldades. Entretanto, as vantagens serão enormes! Seja um ser humano sem fronteiras. Desperte-se como espírito imortal que és.

Agora, pare, por algum tempo, e imagine o mundo virando um caos completo: sem eletricidade (luz, computador, internet, celular, televisão, micro-ondas, banho quente etc.), sem gás, sem água encanada nem garrafas de água mineral para comprar, sem coleta de lixo, sem combustível, sem transporte público, sem mecânico ou peças para consertar seu carro, sem bancos funcionando ou já falidos, sem comida para comprar no supermercado, na loja ou na feira mais próxima, sem escova e pasta de dentes, sem papel higiênico etc.

Como você agiria?

Responda à pergunta com sinceridade, e após pensar no caso por algum tempo...

Você conseguiria se virar ou se adaptar facilmente em um caso como esse? Você saberia viver sem depender dos outros e do governo? Saberia cozinhar qualquer coisa e acender fogo sem fósforos, isqueiro ou acendedor elétrico? Saberia viver uma semana inteira sem tomar banho ou pentear os cabelos? Saberia cortar os seus próprios cabelos ou os de outras pessoas... com uma faca? E se não tivessem mais lojas para comprar roupas novas?

E se até tivessem algumas coisas para vender, mas você não tivesse o dinheiro para comprar? Você saberia fazer alguma coisa relacionada às necessidades básicas do ser humano, como alimentação, vestimenta, medicina ou construção? Se você não souber é bom se informar e começar a praticar, pois a sua profissão atual poderá não servir de nada no futuro.

Agora, piore um pouco o cenário. Imagine que você não tenha mais seu emprego nem a ninguém da sua família, ou da sua cidade, que pode ter sido arrasada por uma catástrofe natural ou por uma guerra.

Sua casa não existe mais nem a de parentes ou amigos próximos, também não existem mais abrigos ou hotéis na cidade. E se você ainda tiver filhos pequenos?

E se você estiver machucado ou doente? E se tiver uma epidemia na região e não tiver médicos, postos de saúde, farmácias e hospitais funcionando, ou se estiverem superlotados e sem medicamentos?

E se, nessa situação, não parar de chover e for durante o inverno? E se o clima não permitir a plantação de nada no local? E se as pessoas, desesperadas e esfomeadas, começassem a roubar, a atacar e a destruir tudo sem piedade, valendo a lei do mais forte?

Você está preparado para viver isso? Tem estrutura emocional e física para enfrentar a todas essas situações?

E se vier outra pandemia como a da peste negra, por exemplo, ou tantas outras que assolam a humanidade, tirando milhares de vidas?

Você nunca parou para pensar nisso? Então, está na hora, caros irmãos. Tudo pode acontecer no dia de amanhã e, mesmo assim, estará dentro da justiça de Deus.

Foi você quem escolheu passar por isso, assim como já passou em muitas outras vidas. Ou você acha que nada disso voltará a acontecer ou ser até pior? Falsa esperança... Seu espírito acha válido experimentar a todas essas coisas através de seu corpo físico, e não tem nada de errado nisso.

Se você conseguir imaginar todo esse cenário de forma realista, sem falsas soluções, piore sempre um pouco mais (pois a realidade é pior do que a nossa imaginação), e comece a pensar e a planejar como agir, mas não adianta querer mudar para um lugar menos perigoso ou que não esteja sujeito a catástrofes. Esse lugar não existe. Nem adianta estocar comida, pois um dia ela também apodrecerá ou acabará.

Não quero assustar ninguém, só fazê-los acordar para a possibilidade de que isso possa realmente acontecer, hoje, amanhã, mês que vem ou daqui a alguns anos.

Na verdade, tudo isso já está acontecendo em algum lugar do planeta, e você só não quer saber. Um olhar atento sobre os nossos irmãos que vivem na África, nos fará acordar para tudo o que pode acontecer conosco.

Você não reparou? A próxima cidade pode ser a sua. Por que não se imaginar (efetivamente) passando pela situação daquelas pessoas, em vez de apenas sentir dó, rezar por elas ou mandar doações?

Enquanto você não fizer essa análise e chegar à conclusão de que, bem ou mal, dá para enfrentar o caos inesperado, você já está na lista dos próximos desesperados e vítimas. Pense a respeito...

Está mais do que na hora de se desapegar de vez da ilusão que é esta vida terrena. Por mais que a natureza do local onde você more seja maravilhosa, que você adore o seu trabalho, que as pessoas com quem você convive sejam amorosas, solidárias, pacíficas e espiritualizadas, que a alimentação seja saudável, que o conforto do seu lar e fora dele sejam excelentes, que todas as instituições públicas funcionem muito bem... mesmo assim, você deveria ser capaz de, um dia, poder dizer: "Acabou! Vou embora desta vida. Renuncio a qualquer vantagem que esta vida possa me dar.".

Aí sim, você estaria realmente decretando que nada, absolutamente nada, manteria você aqui neste planeta ilusório, que não passa de uma experiência para o espírito.

Não podemos nos apegar a nada, nem bem nem mal, pois tudo isso pertence à dualidade. Nem que a Terra volte a ser um planeta equilibrado e saudável, nem assim, você deve permanecer nele.

O motivo de se estar aqui, não é o de usufruir do paraíso, mas passar pelas experiências necessárias. Tendo passado por elas, é hora de partir para o lugar de onde viemos: a Luz da Unidade.

Um bom exemplo dessa atitude é o que fazem os monges budistas. Eles ficam durante alguns meses montando a lindas mandalas com areia colorida e, assim que terminam, eles desfazem o trabalho. Com isso, querem demonstrar que não desejam criar apego às suas obras de arte, que o que realmente interessa é a jornada durante a qual eles montavam a mandala, e não o resultado final.

O mesmo poderia ser feito por um pintor, o qual não vivesse da venda de seus quadros, e os queimasse após trabalhar neles durante meses ou anos. Com certeza, a maioria das pessoas ficaria chocada e sem entender o motivo.

Usando esse exemplo para a nossa jornada evolutiva na Terra, concluímos que o que realmente importa é o aprendizado adquirido nesses milhares de anos encarnando, desencarnando e vivendo todos os tipos de experiências possíveis neste plano tridimensional; e, ao final, simplesmente partir para outra jornada, mesmo que o planeta, com a sua ajuda, tivesse se recuperado de todo o mal que a humanidade lhe fez no passado.

Tudo o que você aprendeu está gravado no espírito e jamais se perderá, são as experiências vividas na prática. O resto é passageiro e impermanente, pois até o paraíso deixará de sê-lo um dia... neste mundo tudo passa.

"Os olhos são o instrumento que nos mantêm na ilusão."

O que precisamos para a nossa perfeição, ainda não aconteceu. Precisamos de muitas mudanças para acessarmos à vida plena. Na verdade, não partiremos, mas nos transformaremos em Luz.

As experiências terrenas foram dadas a nós para que tivéssemos plena consciência da nossa necessidade evolutiva, sem juízes (livre-arbítrio) e com amor, pois antes não sabíamos o que era isso, assumindo definitivamente todas as responsabilidades por nossos atos.

Você é Deus experimentando uma forma restrita de vida, na qual está limitadopor um corpo que não tem poderes ilimitados. Nós somos a extensão de Deus e fazemos o seu papel dentro desses corpos. Mas, como Deus é livre, é Ele quem decide até quando durará essa limitação, ilusão ou sonho.

Essa transição se chama evolução até a iluminação, isto é, a tomada de consciência plena. Criar consciência, isto é, se iluminar e ter plena ciência de que "você é", pode acontecer a qualquer momento.

Basta ter a plena consciência no agora, livrando-se do apego a qualquer coisa relacionada ao tempo (passado, futuro e demora), espaço (distância), a pessoas, bens materiais, natureza, pátria, planeta, vida e, nesse momento, presente, ser e estar no todo, sentindo-se pleno de luz e amor, sem nenhuma dualidade, por menor que seja. Aí, você transcende a ilusão e volta a ser Deus, sendo a Unidade.

Quando o amor preenche um ser, o interior do cérebro se esvazia. Com o vazio dominando, ou seja, quando todos os pensamentos desaparecerem, você encontrará a Deus dentro de si. Você terá despertado para sua essência, e posso lhe assegurar que ela é divina.

Então, você precisa buscar por esse tipo de amor incondicional em seu coração. A chave para a evolução da consciência humana está em você. Você é a chave! Lembre-se disso.

A tecnologia e o nosso modo de vida atual são as melhores maneiras de manter ou tornar você cada vez mais inconsciente. Tudo leva você a "perder a consciência", te afastar do silêncio e do autoconhecimento, da busca pela Verdade, que está em você.

Te afasta também da busca por compreensão. O incentivo à constante atividade e a superficialidade tornam o ser humano frágil, medroso, inseguro e incapaz, sem saber onde e como resolver seus problemas.

A vida perdeu completamente o sentido. E você ainda acha que tudo isso é assim por acaso? Engano seu. Tudo isso foi planejado minuciosamente para levar a humanidade a esse estado de inconsciência, hipnotizada, e agindo como robôs, fácil de manipular.

É claro que algo sempre sai do controle dos poderosos, porque a vontade de Deus está acima da vontade dos homens, mas poderia ser diferente se a gente parasse para analisar a nossa vida e reagisse.

A meditação, a prece e o amor buscam o contato íntimo com o seu Eu divino, seu guia maior, queé o seu espírito, que é Deus em você.

Peça o que você quiser (Unidade, consciência, paciência, compreensão para com os outros etc.), contanto que sejam valores imateriais, que você levará daqui com o seu espírito. Busque as respostas dentro de você. Elas estão dentro de você.

Não espere por uma intervenção divina, ela não virá. Deus e eu somos a mesma coisa. Deus fala comigo, pois eu faço parte de Deus. Não há separação.

Devo então deixar com que Deus, minha parcela divina (esquecendo o corpo físico), aja plenamente. Eu agindo, é Deus agindo neste plano terreno para que a Terra se torne efetivamente o mundo de Deus, sem ilusão.

Para fazer a vontade de Deus, deixe que Deus: entre, sente e fique à vontade. Assim, Ele agirá através de você, em você e deixando isso acontecer, você É Deus. Permita que Deus, que já está em você, se manifeste.

Intensifique o diálogo com seu Eu divino, que está dentro de você, desperte-o. O sábio tenta compreender o mundo sem se deixar prender por ele. O mundo não manda no sábio consciente, mas ele também não manda no mundo.

Ele vive em harmonia, mesmo que o mundo esteja um caos. Ele vive em harmonia interna e com o Universo. Lembre-se: a evolução é individual. Ninguém pode fazer isso por você. Todas as respostas estão dentro de você. A busca no silêncio é o melhor caminho.

Tudo o que você precisa, está sempre onde você se encontra.

A justiça e a misericórdia de Deus são com a alma e não com o corpo físico. Mesmo assim, Deus olha por todos os seus filhos em todas as manifestações de vida. Uma religião só é verdadeira se ela te liberta, em vez de te oprimir.

"Não existe religião mais elevada que a Verdade."

A Verdade é um Sol que te ofusca quando você não a entende, que te preenche totalmente quando você a entende, e se torna parte dela. Ao adquirir o despertar espiritual, eu passo a fazer parte do jogo sem ser um joguete na mão dos outros.

Quando Deus pode não mais te assustar ou te afetar, isso não impede da humanidade continuar a te condenar e atacar. Deus tem que lutar para elevar a humanidade, pois, para mim, eu só preciso fazer a minha parte, me integrar a Ele, e me levar conscientemente para a Unidade. Eu sou espírito e não carne.

Isso quer dizer que Deus irá me ajudar por todos os meios possíveis, enquanto eu estiver em corpo físico, Ele irá me ajudar. Eu tenho que experimentar as coisas deste mundo material. Isso faz parte do teste pelo qual o espírito precisa passar.

Se eu conseguir superar essa ilusão, bastará uma ação de graça (me doar, emanar amor sem condições) para desencadear uma reação, que levará toda a humanidade cega à consciência. Por isso, eu preciso começar a me conscientizar do que sou realmente, tudo deve acontecer a partir de mim e não dos outros.

Nesta vida, não há dramas ou tragédias, só experiências a serem vividas, sejam elas dolorosas ou não. Tudo faz parte do grande processo de evolução, necessário a todos os espíritos.

Se eu não quiser evoluir, eu não vou querer passar por experiências que trazem dor física ou mental. Quem busca redescobrir a luz, precisa passar por tudo para, depois, sobrepujar a dualidade. É preciso passar pela escuridão para valorizar a luz.

A Verdade não sai da minha boca, da sua boca ou da boca dos outros. Ela não pertence a ninguém individualmente. É Deus falando através de nós. Faz parte da sabedoria coletiva, da Verdade. Nós apenas acessamos essa Verdade, que está em todo o lugar, inclusive, em nós.

Não existe língua sagrada e língua profana ou sem poder.

Não é por que o aramaico, hebraico, egípcio, copta, sânscrito, hindu, grego e latim são mais antigos que, necessariamente, eles têm mais poder. Isso só acontece para quem acredita na dualidade.

Tanto as línguas antigas quanto as modernas são igualmente símbolos que traduzem ideias no papel. Todas elas têm limitações e nunca irão exprimir, com perfeição, as ideias vindas do mundo espiritual; mas se eu traduzir uma letra ou palavra do aramaico ou sânscrito da forma correta para o português ou para outra língua qualquer, ela poderá fazer o mesmo efeito.

Quem determina isso sou eu, e Eu Sou o Eu Sou, e tudo posso. Eu, nós, todos somos deuses cocriadores. Não vou deixar que a língua que eu domino melhor, atualmente, faça com que eu me sinta inferior ou superior.

Todos os espíritos da Terra estão no mesmo estágio evolutivo. Só os corpos e as almas terrenas estão em níveis de consciência diferentes. Não há ninguém melhor que o outro, e todos estão expiando as provas evolutivas necessárias a todos.

Quando um fator externo, como um ser muito evoluído ou a própria Presença, Deus, resolve, Ele pode fazer com que todos os seres humanos alcancem a consciência de uma hora para outra, sem mexer na liberdade do espírito.

Pense nisso...

“

Os erros são lições diárias de aperfeiçoamento.

”

Osmar Barbosa

Nossos erros

Culpar-se é uma forma de se penalizar por um erro do passado.

O certo é admitir que errou e, a partir disso, evitar repetir o mesmo erro. Aprenda com os seus erros, pois terá sido mais uma experiência adquirida.

Não adianta ficar sofrendo com o argumento de que “eu devia ter agido diferente”. O passado não vai voltar para ser corrigido. Sequer podemos acessá-lo novamente.

Então, o que importa é viver bem o presente. Se for possível corrigir o erro na atualidade, faça-o. Se não for, viva a sua vida daqui em diante sem carregar os fardos do passado, que tanto atrapalham seus passos.

Apenas seja uma pessoa melhor. O Ser liberto da própria culpa pode sofrer com as penas dos outros, ainda não libertos das suas culpas. Há um débito coletivo e todo homem sem débito próprio participa do pagamento dos débitos alheios. Ele é responsável pela humanidade.

"A maior alegria do mundo é transmitir ao outro o que você já aprendeu, compreendeu e conquistou."

Receber algo pode ser bom, mas não deve ser a coisa mais importante para você. Divertir-se com pessoas que acham que para isso é preciso beber, fumar, falar besteiras ou fazer sexo, é impensável.

Descobrir uma verdade ou entender algo que, até pouco tempo, era incompreensível, é muito bom, mas o melhor de tudo ainda é poder ajudar o seu irmão na jornada evolutiva. Essa alegria sempre poderá existir, e toda a vez que a gente ensina, acaba aprendendo um pouco mais.

"Nós estamos aqui para trazer um pouco de luz para a Terra."

Se cada um acender sua luz, nós iremos transformar este planeta em um paraíso ou transformá-lo mais rápido em uma escola de evoluídos.

Trazer um pouco de luz para quem já é feliz não é difícil. Bom mesmo é levar luz e amor às trevas e ver seu trabalho gerar frutos, ser recompensado.

Nossa obrigação é dar esperança àqueles que a perderam, e reconhecer a face de Deus naqueles que sofrem. Sorrir é o nosso primeiro ato de amor.

Ninguém vai te achar se você não se achar primeiro. Só você pode se achar dentro de si mesmo, no seu íntimo. Nesse lugar, ninguém de fora pode entrar, então, a tarefa é só sua. Muitos podem fazer você se perder, mas achar… só você mesmo.

Como vencer o mal?

Não acreditando nele.

Se eu não acredito nele, também não dou poder a ele nem tenho medo. Sabendo realmente quem sou, não tenho motivos para temer o poder, que são aspectos que só existem no mundo dual. Medo e poder, maior ou menor, só existem onde há desequilíbrio.

Não há problema, dúvida, medo, culpa, pecado, vergonha nem motivos para se aborrecer, pois tudo isso só existe se você valorizar a dualidade. Como ela não existe, você só a vive quando dá valor a ela, aos seus cinco sentidos físicos, e aos pensamentos negativos.

Se uma palavra tem antônimo, então ela faz parte da dualidade. Não a aceite (por exemplo: amigo – inimigo; sociedade – individualidade; perfeição – imperfeição).

Opte pelas palavras sem antônimos: irmão, pai, mãe, amor, Eu Sou. Não existe "anti-irmão", "ex-mãe", "ex-pai". O amor não tem oposto. O ódio não é o oposto do amor, mas a falta dele ou o amor incompreendido.

Fórmula contra a ansiedade: descubra o que te faz feliz e se ocupe. A ociosidade (falta do que fazer, preguiça e desânimo) causa ansiedade por não mantermos a mente ocupada com algo útil. Seja útil para alguém, todos os dias, direta ou indiretamente.

Use essas palavras de ordem, caso você considere que elas possam te ajudar:

- Abra o casulo que te limita (rompa as amarras que prendem ao materialismo, o egoísmo, o mundo que ilude, que limita o seu crescimento espiritual, impedindo que a sabedoria entre);
- Abra o livro que ensina (busque conhecimento);
- Trilhe o caminho que leva a Deus. Faça a caridade, pratique o amor.

Se eu quero algo, eu sei que tenho total poder para realizar aquilo e, por isso, conseguirei. Eu sei que tenho o conhecimento e a capacidade necessários. Eu os uso e, assim, realizo o meu desejo.

ATITUDE – CORAGEM – PERSISTÊNCIA.

Para realizar os meus sonhos, eu preciso tomar uma atitude (primeiro impulso), reunir a coragem para fazê-los e persistir para chegar lá.

DOE-SE! Doe-se para as causas humanitárias. Deixe sua luz interior sair para o mundo.

NÃO BUSQUE A PAZ. SEJA A PAZ!

NÃO PROCURE O AMOR. AME E SEJA O AMOR!

VOCÊ JÁ TEM O AMOR. VOCÊ JÁ É O AMOR, PORTANTO, DEIXE-O SAIR. SEMEIE O AMOR PELO MUNDO.

DEUS É AMOR. VOCÊ É AMOR. VOCÊ É FILHO DE DEUS. VOCÊ É DEUS EM TREINAMENTO.

Questione-se e faça a autocrítica.

Não fique se desculpando. Vá e faça melhor! Assim, eu darei paz aos outros.

Ser a Paz é viver ou ter a paz integralmente (24 horas por dia), e levar a paz por onde você for.

O nosso objetivo principal é o Ser, e não o Ter.

Desperte! Você é um espírito eterno. ACORDE!

O mais sábio é aquele que cede (para não perseverar na ignorância).

Quem sabe não discute. Quem sabe se cala diante da insensatez.

"A sabedoria cala quando a ignorância reina."

Você só poderá criar consciência, quando parar de aceitar como verdade o que os sábios do passado e os livros sagrados – ou não, afirmam.

Não aceite, de pronto, a verdade dos outros.

Algumas dicas podem ajudar, mas pergunte para si mesmo se aquilo tem sentido. Vá fundo, conteste e analise. Só assim você descobrirá que há muitas mentiras, conceitos errôneos e falsas interpretações, os quais mantiveram você iludido esse tempo todo.

O espírito investigativo e contestador, buscador da Verdade, é quem te leva para a frente, a evoluir. Descubra suas próprias verdades. Seja livre-pensador, autodidata. Use seu livre-arbítrio.

Busque e acharás!

Torne-se ativo na malha e no oceano universal, emitindo e captando. Não dê desculpas para si mesmo. Seja rigoroso consigo ao extremo. Questione-se e faça a autocrítica. Observe a tudo e tente entender. Faça a diferença!

Não veja obstáculos onde eles não existem.

Veja facilidades onde os outros enxergam dificuldades.

Seja criativo!

Você é Deus em movimento! Você é Filho da Luz! A vida é ação contínua, e não ação e reação, que é uma característica do mundo da dualidade.

Deus é Luz em movimento! Você é filho de Deus. Você é Deus em movimento. Você é Luz em movimento.

Se Deus criou as pessoas para amarmos e as coisas para usarmos, por que, então, amamos as coisas e usamos as pessoas?

Veja o mundo e a humanidade com os olhos de Deus.

Deus enxerga você não com a sua imagem de corpo físico, mas como luz e a sua aura, que reflete o seu estado emocional. Assim, Ele sabe o quanto você precisa de ajuda ou não.

Da luz viemos, para a luz retornaremos.

A Luz (de Deus) brilha para todos. Recebe quem quer.

Todos têm a sua própria luz. Brilha quem quer.

Caso retornemos hoje (ao Pai), por tudo o que fizemos, nos responsabilizaremos.

Somos semeadores a semear.

Quando você ora, fala com Deus.

Quando você medita, Deus fala com você.

Se Deus é perfeito, como Ele poderia ter criado/gerado filhos imperfeitos?

Se Deus é perfeito, como você pode ser imperfeito? Só se Deus errou, pois você também é Deus. Você acredita que Deus possa errar?

Permita que o Deus que está no próximo, dialogue com o Deus que está em você. Exercite-se. Desperte o seu Eu espiritual.

Para Deus não existe o conceito de Universo infinito em expansão constante de seus limites. Essa é uma visão do mundo material, do mundo da forma.

No mundo de Deus nada existe, tudo é, sem conceitos quantitativos e qualitativos.

Ele abrange tudo, Ele é o Todo, o UM, o Indivisível.

Ele abrange simplesmente a TUDO, sem começo nem fim, sem alteração a cada instante, sem direção, sem tempo nem espaço.

Eu decreto que entendo a todas as coisas (difíceis e fáceis), e aí tudo funciona.

Quem se ama se basta. Não necessita do amor dos outros. O seu próprio amor é o Amor de Deus dentro de você se expandindo.

Depender do apoio e do amor dos outros para ser feliz é ser dependente das ações dos outros, o que fatalmente levará a frustrações.

Todos nós somos perfeitos e nos bastamos.

Quem ama procura se harmonizar com os outros. Quem não ama procura julgar e se impor.

Para nós é muito fácil excluir, mas difícil de incluir.

Nós expulsamos o que não nos agrada, mas não deixamos entrar o que nos serve nem quem quer nos ajudar de verdade.

Por que será que as pessoas renegam tanto a prática de uma coisa que é citada constantemente em qualquer uma das religiões pelo mundo: o amor ao próximo? Ama a teu próximo como a ti mesmo, mas lembre-se: é preciso se amar primeiro.

Dê amor a quem precisa e não a quem já tem demais.

Dê amor, mas não precisa mendigar o amor dos outros.

A espada não corta a luz nem a água. Ela não consegue ferir quem já está na luz.

A luz é a única realidade que não pode ser contaminada; pode penetrar em todas as impurezas sem se tornar impura.

Feche os olhos, relaxe, sinta o seu coração. O que é mais importante: o que você pensa ou o que você sente? Sinta o que sua alma precisa. O que é mais valioso: as pessoas ou suas palavras? O seu Deus interior. O resto é passageiro.

O que eu estou fazendo de errado? Nada...

O que eu posso fazer para melhorar e para criar rapidamente uma consciência mais ampla? Muita coisa...

Condenar-se jamais, se acomodar, nunca...

Contentar-se com as coisas como estão é estagnar-se evolutivamente.

Buscar a luz, sempre...

Se nós somos a extensão de Deus, Ele experimenta tudo o que passa no corpo físico através de nós, mas é errado pensar que Ele está aprendendo conosco à medida que evoluímos, pelo menos, não no ritmo do nosso tempo.

Já que não existe passado, presente e futuro e, além disso, ainda vivemos em várias dimensões ao mesmo tempo, pode-se concluir que Deus já aprendeu tudo o que tinha de aprender conosco em um só instante.

Apenas nós não temos a percepção disso. Isso não quer dizer que Deus nada aprenda conosco, pois está zelando por nossa evolução. Ele sempre irá acrescentar mais uma experiência, através daquilo que fizermos usando o nosso livre-arbítrio.

Todo mundo "pensa" em deixar um planeta melhor para os filhos. Mas quando pensarão em deixar filhos melhores para o nosso planeta? Está na hora de assumirmos a nossa responsabilidade e garantir um mundo melhor para o futuro.

As gerações futuras só terão um mundo melhor, se **nós** o prepararmos para **torná-lo** melhor que o atual. Milagres de transformação não acontecem por acaso. Temos de nos mexer, agir...

Nós destruímos e somos coniventes com a degradação atual, e pouco fazemos para mudar isso. Com o nosso péssimo exemplo, como queremos que os nossos filhos enfrentem os "poderosos" para mudar o que quer que seja?

Como queremos que eles sintam a necessidade de mudar as condições atuais, se não ensinamos a eles a refletir, analisar, trabalhar com afinco, e assumir responsabilidades?

Nós queremos e esperamos (iludidos) que nossos filhos mudem para melhor, sem termos dado a eles os passos iniciais para essa mudança.

Queremos que eles mudem aquilo que nós mesmos não mudamos, quando podíamos sim ter mudado. Que péssimo exemplo nós demos a eles.

Assim, o planeta só poderá mudar para pior.

Além de não conscientizarmos as novas gerações sobre a Verdade, ainda as deixamos iludidas com brinquedos tecnológicos, farras, bebidas, drogas, luxo etc. Não há consciência que brote da ilusão.

Não se joga fora nem se expulsa uma energia negativa. A gente a transforma, sempre...

Não lute para vencer nem para resistir às tentações e às maldades do mundo. Engula-as e digira-as. Integre-se a elas, pois você é o mundo e o mundo faz parte do Todo. Esse "mundinho" (microcosmo) faz parte do Universo (macrocosmo) e, portanto, os conflitos aqui existentes são irrelevantes.

Deus mostra a nós apenas um lado da face, o outro lado é oculto e ninguém consegue vê-lo. A face clara é o lado visível. O outro, somos nós mesmos, ocultos na nossa ignorância.

Quando nos lucificarmos, após a iluminação, vamos nos unir novamente a Deus e completar o rosto inteiro. Encontre a sua metade divina e una as duas para que a Unidade se faça.

Quando você alcança um certo grau de evolução ou o despertar espiritual, aparece o dr. Simples. Aí, todos os problemas que surgirem na sua vida, irão parecer simples de resolver. Não há mais obstáculos intransponíveis e você nunca mais se desespera, pois tem uma visão diferente de como enfrentar as adversidades.

Soluções que antes você não via, e enfoques que antes nem passavam pela sua cabeça, agora, surgem espontaneamente. Entretanto, não adianta pedir para o dr. Simples incorporar ou influenciar você.

O dr. Simples é você mesmo e você só terá essa atitude quando tiver atingido o estágio que permite essa visão de mundo. Seja Unidade, seja o Todo e tudo se torna simples, desperte!

Quando você se sente esgotado, sugado e sem forças, não deve procurar sugar a energia dos outros nem procurar acessar a fonte primordial, que é Deus, como um lugar distante de onde você saiu e se afastou.

Essa fonte ou Unidade está à sua volta, nos objetos, na natureza, em todo lugar, mas não se esqueça do primordial: você É a Unidade e, portanto, a Fonte está em você. Você é filho de Deus e, por isso, é representante de Deus na Terra. Aja como Deus, todos os dias...

Para acessar a Fonte Divina basta procurar e acessar a luz dentro de você, e não em algo ou em torno de você, ou ainda, lá distante no espaço. Você tem de ter como propósito o despertar espiritual.

Quando você cria essa consciência e deixa a sua luz fluir livremente de dentro para fora, nunca mais será preciso repor sua energia nem vai sentir desgaste nenhum. Você se basta.

Quando você mente para alguém, para quem você está mentindo realmente? A quem você quer enganar? Se eu sou parte de Deus e você também, então você quer enganar a si mesmo.

Acontece que, só é possível enganar o Deus inconsciente, porque o Deus consciente é a própria Verdade e a vida. Então, pare de se enganar achando que é esperto, que engana os outros. O único trouxa e vítima nesse caso é você mesmo.

Você pode modificar a sua vida mudando as suas atitudes mentais. Desperte...

Não existe o "eu não consigo" ou o "eu não posso". Só existe o "eu não quero".

Querer é poder, é usar a força de vontade que Deus deu a todos nós.

Ame a mim quando eu menos merecer, porque é quando eu mais preciso.

Devemos ser a mudança que queremos ver no mundo.

Seja espontâneo!

Não racionalize, não discuta nem analise a tudo com morosidade. Não pense se está correto ou não. Confie no seu coração, ouça-o.

Não se iniba: vá, fale, toque, faça, realize, grite, chore, sorria, brinque, seja criança. Seja gente! Não espere alguém ordenar, faça!

Não espere alguém reclamar de algo que você não fez por preguiça. Mude! Tome a iniciativa!

Não espere a corda arrebentar. Tome uma atitude antes.

Segure firme a sua proposta evolutiva.

Aceite os argumentos dos outros, mesmo que não goste, e sorria para a vida. Não fique pesando a tudo na balança dos prós e contras.

Quando alguém te ameaça ou agride, essa pessoa pode ter dois motivos: ou observa que você é fraco e pode estar acuado, afugentado ou maltratado sem reagir; ou faz isso para evitar que você seja uma ameaça, pois, na verdade, tem medo de você.

O homem precisa acreditar mais na sua força interior e na sua capacidade de romper barreiras "impostas" e previamente determinadas. Quando o homem acredita que é Deus, todos o enxergam como um Deus. Assim, simples. Somos o reflexo daquilo que pensamos, acreditamos e desejamos.

Quem você deve (não precisa) procurar agradar nesta vida? Não é o seu próximo nem o seu ego, mas a você mesmo, que é Deus dentro de ti. E agradando o teu próximo como a ti mesmo, você está se harmonizando com Deus.

Conscientize-se de que você já é perfeito, é luz, está na Unidade, e esta vida nada mais tem para te oferecer, mas também nada pode tirar de você. Você nada levará desta vida terrena, a não ser uma ampla experiência e o amor que dedicou aos outros.

“

Salve-se, e você salvará o mundo.

”

Osmar Barbosa

O mundo em que vivemos

Você quer salvar o mundo? Primeiramente, saiba que o mundo não precisa ser salvo. Ele não está em perigo. Em segundo lugar, se você quer salvar o mundo, você só precisa salvar o homem, o ser humano, e não a natureza. Por quê?

Porque a natureza, o planeta Terra e o Universo são criações de Deus, e Ele cuida muito bem de suas obras. Tudo isso só existe porque nós existimos. Você é a cereja do bolo, comece a se valorizar e a se localizar dentro desse projeto evolutivo.

Os nossos pensamentos criaram tudo ao nosso redor. Nós somos criaturas criadoras e cocriamos junto com Deus.

Se salvarmos as almas das pessoas, automaticamente salvaremos o planeta. Mudando os pensamentos coletivos, o mundo muda. Simples, não? Portanto, trate de salvar a si próprio em primeiro lugar, criando consciência de que você é um espírito, agindo com amor e por amor e, depois, ajude a esclarecer e a salvar as almas de todos aqueles que cruzarem o seu caminho.

Se alguém pede a mim para ajudá-lo, eu emano luz para dentro dele por puro amor. Esse amor age conforme à necessidade daquela pessoa e pode até curá-la.

O livre-arbítrio dela autorizou que eu a ajudasse, e se ela realmente permitir que a energia curadora penetre nela, ela se curará.

Mesmo que a pessoa seja descrente, a cura pode ocorrer. O curador não determina o resultado nem julga o mérito do paciente.

Deixa tudo nas mãos de Deus. Doar amor é algo que se pode fazer sempre. Obrigar alguém a recebê-lo é que é impossível.

Aquilo que marca tua pele, tua memória sempre recordará. As alegrias não costumam deixar marcas na tua pele. Por isso, é preciso guardá-las intimamente, mas não como fardo. Devemos aprender a compartilhá-las. Esqueça o mal, perdoe e compartilhe o bem.

Temos o costume de lembrar somente daquilo que nos fere, e esquecemos daquilo que nos faz feliz. Por isso, Deus nos deu a alegria como fardo e a dor como alento, para que aprendamos que ambas têm asas e vivem apenas dentro da nossa mente.

Uma nos ensina o caminho, e a outra nos alimenta no caminho. Nossas tristezas e nossos sofrimentos nos levam a construir um caminho, e as alegrias são a esperança que nos alimentam nesse mesmo caminho.

Por isso, liberte-as. Não as carregue como fardo, pois os bens preciosos não podem ser trancados, tampouco, armazenados em uma caixa. Seja autêntico, verdadeiro, sincero e honesto o tempo todo, isso vai contribuir muito para a sua evolução espiritual.

Se Deus quiser te dar um presente, mas falar a você que ele não cabe na sua casa. Você o aceita ou o recusa? Se você prefere não recebê-lo por preferir a sua casa, você está se limitando ao seu mundinho restrito, sua prisão na ilusão. Deus quer te dar o mundo, sem limites, e você tem medo do desconhecido.

Não pense que as grandes verdades e o conhecimento secreto só estão acessíveis a pequenos grupos de estudiosos e iniciados. É uma ilusão pensar assim. Esses conhecimentos estão e sempre estiveram acessíveis a todos os filhos de Deus.

Enquanto alguns grupos acham que detêm um conhecimento secreto e o guardam a sete chaves, essas mesmas coisas estão escritas em diversos livros que você pode comprar em qualquer livraria e aperfeiçoar o seu intelecto.

A questão primordial é que as pessoas não buscam o conhecimento, por inúmeros motivos ou desculpas e, por isso, não conseguem acessar o que está diante de seus narizes.

A iniciativa para achá-lo deve ser individual. Lembra o que eu falei de disciplina? Depois de resolver buscá-lo, retirar o véu que nunca impediu o seu acesso, criar consciência e descobrir que as grandes verdades são simples e diretas, você vai descobrir, um dia, que tudo aquilo e o restante das respostas que você procurou por um longo tempo, estão todas em você.

Você é uma biblioteca excepcional.

Existem inúmeras teorias, trabalhos e pesquisas para explicar o mundo invisível, mas quantas existem para provar a existência da matéria? Nenhuma, porque a matéria não existe; e, por acharmos tão óbvio que ela exista, nós não a contestamos.

Está na hora dos materialistas serem forçados a provar a existência da matéria, e não o contrário. A Física Quântica, aliás, já provou que a matéria não existe. Mas quantas pessoas sabem disso? Isso já é ensinado nos livros escolares? Não. Os interessados na mentira vão adiar o momento das revelações o máximo que puderem.

Eu não espero nada do ser humano, então, eu não me decepciono. Tudo pode acontecer e, se alguém me surpreender positivamente, só tenho a agradecer ao Pai.

O Universo já é perfeito, pois é criação de Deus, portanto, nenhum de seus filhos precisa ser "salvo", protegido, corrigido ou resgatado de nada. O Universo se auto regulamenta.

Isso quer dizer que qualquer distúrbio ou perturbação da ordem faz parte do plano e só ocorre dentro da margem de erro permitida pelo Criador.

Como o Todo é perfeito, tudo sempre acaba voltando para a perfeição, mesmo que temporariamente reine o caos. Por consequência, se nós somos o microcosmo dentro do macrocosmo, nosso corpo também é auto regulável.

Mantendo o equilíbrio mental ele se harmoniza naturalmente com o Universo e despertando nossa espiritualidade tudo entra em concordância espiritual. Para ter consciência de quem somos realmente e de como funciona o Universo, precisamos entrar em sintonia com a Fonte.

Se nós e o Universo não fossem criações de um Ser perfeito, o Universo já teria virado um caos eterno e, nós, nem existiríamos hoje.

Lembre-se de que nós estamos aqui no Universo dual para nos divertir e não para sofrer. O drama, o sofrimento, a dúvida, a mágoa e todos os sentimentos dúbios e de inferioridade são criação da mente limitada, que não tem consciência do seu verdadeiro potencial, isto é, de quem ainda não sabe quem é.

Como já disse, você não é um amontoado de ossos, carne, músculo e sangue, você é muito mais do que isso. Estude, ouça sua intuição, silencie, liberte-se da prisão criada por sua mente terrena e seu ego, e deixe Deus falar com você.

Tente, todos os dias, ser um pouco melhor do que no dia anterior, em todos os aspectos da vida. Abra a consciência espiritual e aprenda a ouvir o seu mentor espiritual. Ele está o tempo todo ao seu lado, cuidando para que você cumpra com sua estadia temporária, de forma que extraia dela o que é positivo para sua evolução espiritual.

Todo grande homem tem uma grande mulher ao seu lado e vice-versa. Devemos tentar compreender mais do que dominar. Ouça sempre as crianças, Deus tem mania de usá-las para falar conosco.

Quem sabe faz a hora, não espera acontecer. A dúvida é terrena, a certeza é espiritual. O amor não é a manifestação de Deus, mas sim a presença de Deus.

É preciso valorizar o interior das pessoas e esquecer o exterior.

Dedique 90% da sua vida à espiritualidade. Você é um ser espiritual vivendo uma experiência terrena.

Quem domina a arte de viver não faz diferença entre seu trabalho e o seu lazer, entre sua alma e o seu corpo, entre sua educação e sua religião. Dificilmente, saberá distinguir qual é qual.

Ele só segue sua busca pela realização e felicidade em tudo o que faz e deixa para os outros decidirem se ele está trabalhando ou brincando. Ele tenta sempre fazer ambos ao mesmo tempo.

Milhares de velas podem ser acesas na chama de uma única vela, sem que sua luz fique mais fraca. A alegria não diminui quando ela é repartida. Distribua sorrisos...

O sábio utiliza o seu coração como um espelho. Ele não procura as coisas nem vai de encontro a elas. O que vem em sua direção ele capta no seu espelho, mas não faz nada para mantê-lo lá. Porém, é exatamente isso que torna ele capaz de vencer a tudo e não ferir a si mesmo.

"O sábio não conhece a perturbação.

O amigo do homem, não conhece preocupação, e o valente não conhece o medo.

Não se preocupe com o fato das pessoas não te conhecerem, e sim, com o fato de você não as conhecer.

O sábio almeja a harmonia, não a igualdade.

A pessoa vulgar almeja a igualdade, não a harmonia."

Deus não exige perfeição de nós neste plano atual. Fora dele nós já somos perfeitos. Aliás, Ele não exige nada, apenas fica feliz quando nós nos empenhamos em melhorar o nosso mundo e a nós mesmos continuamente, quando ajudamos àqueles menos esclarecidos, que dependem de nosso auxílio.

Existem realmente aquelas pessoas (familiares, colegas, chefes, empresários, presidentes, sacerdotes, assassinos, ladrões, políticos etc.) que impedem você de fazer o que deseja, OU, você só precisa de uma desculpa para não agir, dirigir sua própria vida, viver e ser livre?

O que falta em você para se reconhecer realmente como você é?

Já percebeu que você é um espírito? O tempo todo neste livro eu te digo: você não é um amontoado de ossos, carne, músculos e sangue, você é muito mais do que isso...

Nós reencarnamos para conseguir desapegar. A vida na materialidade só tem um objetivo, aprender que ela é uma prisão e não é tudo o que precisamos.

Se fosse permitido viver indefinidamente, o apego à matéria faria a humanidade querer ser imortal. Para sair da ilusão de vez em quando, com chance de recomeçar do zero, esquecendo o apego da vida anterior, é que existe a reencarnação.

Enquanto houver apego nós iremos reencarnar. Preste muita atenção nisso...

O objetivo é nos desligar totalmente dessa ilusão que tanto nos fascina, para acabar com o ciclo de encarnações. Mantenha o Sol sob seus pés. Pise na luz, crie luz onde caminhares, faça o seu caminho.

Permita que seu corpo seja canal de luz, sem entraves. Seja luz por onde passar. A luz não se suja. Por onde ela passa, permanece pura e intocada.

Eu sou o Amor, a Luz me fez. A Luz penetra em tudo e extingue a sombra.

É óbvio que, nós humanos, podemos viver de luz, isto é, do Prana captado da luz do Sol, do ar e da água. Basta observar de que vivem todas as plantas: do Sol, do ar e da água. Portanto, os vegetais já vivem de Prana. Nós, seres inteligentes, filhos de Deus, tudo podemos, e fazer o nosso corpo físico obedecer ao comando do espírito e viver de luz é perfeitamente possível, e já é feito por alguns seres na Terra e em muitos outros planetas.

Deus É a própria luz, que se expande continuamente. Ao criar o Universo, Ele disse "Faça-se a luz" e a luz (o Uno) penetrou no Verso, para lhe dar vida. Criou, assim, o Universo dual.

Tanto no Uno como no Universo só existe luz.

A luz penetra e atravessa a todas as coisas.

A luz é a força maior e é óbvio que ela atravessa tudo o que é ilusão temporária sem se sujar. A luz tem uma fonte (Deus), mas a escuridão não tem fonte. Ninguém gera escuridão. Dizem que só se pode valorizar a luz depois de conhecer as trevas e a escuridão, mas isso se refere ao estado mental e não físico.

Quem está muito ligado à matéria só vai dar valor à luz depois de viver muito tempo na escuridão, mas, no fundo, não existem sombra e escuridão em lugar algum.

A própria ciência já provou que os fótons atravessam qualquer parede ou rocha, por mais sólida que seja, mas os olhos humanos não registram esse fato.

Isso faz muita gente acreditar que em um lugar bem fechado não entra luz. Um experimento pode provar o contrário: se eu tenho uma fonte de luz (uma lâmpada ou o Sol) e coloco um objeto (um armário) em seu caminho, eu terei uma sombra atrás dele. Entretanto, se eu aumentar a força da luz, a sombra ficará cada vez mais clara. Se eu passar de uma lâmpada de 60 watts para 1.000 watts, a sombra irá reduzir bastante.

Se a luz for infinitamente maior, a sombra desaparecerá completamente. Isso acontecerá até em ambientes fechados. A Luz de Deus penetra onde Ele quiser.

Além disso, ao desencarnarmos não existe escuridão nem noite no mundo espiritual, e isso dentro do Universo. No Uno, então, jamais há trevas.

A escuridão é um estado criado pelas nossas mentes iludidas e inconscientes. Não devemos confundir as palavras da Bíblia. Lá diz que no início havia o Nada, mas ninguém disse que o Nada era escuro.

A Física Quântica já provou que luz é ao mesmo tempo onda e partícula, o que lhe confere características especiais. A luz não se suja e não se contamina nem leva contaminação a outros lugares. A luz penetra em tudo e é pura, como Deus.

O aumento da vibração planetária se manifesta como um aumento da luz. Para entender mais facilmente essa questão, é preciso saber que a vibração planetária é afetada e intensificada pela consciência de todos os seres humanos.

Cada pensamento, cada emoção, cada ser que desperta para a consciência de Deus, eleva a vibração do planeta. Isto pode parecer um paradoxo, uma vez que vemos muito ódio e miséria ao nosso redor, mas é assim mesmo.

Cada um escolhe onde colocar a sua atenção. Só veem a escuridão aqueles que estão focados no drama, na dor e na injustiça. Aquele que não consegue ver o avanço espiritual da humanidade, não tem prestado atenção nesse aspecto.

Porém, se você liberar sua mente do negativo, abrirá um espaço onde sua essência divina pode manifestar-se, e isto, certamente trará o foco para o que ocorre de fato neste momento com o planeta e a humanidade. Estamos elevando a nossa consciência como jamais o fizemos. Tem gente que só percebe a escuridão.

Eu também a vejo, mas não me identifico com ela, não a temo. Como posso temer a escuridão se vejo a luz tão claramente? Claro que entendo aqueles que a temem, porque eu também fiquei parado nessa posição na qual apenas via o mal e, por essa razão, sinto amor por tudo isso. Eu despertei e, agora, vivo no mundo material de forma espiritual, e quando isso acontece nada pode nos afetar.

A escuridão não é uma força que nos obriga a viver com mais ruindade ou com mais ódio. Não é uma força que se opõe à luz. É ausência da luz.

Não é possível invadir a luz com a escuridão, porque não é assim que o princípio da luz funciona. O medo, o drama, a injustiça, o ódio, a infelicidade, só existem em estados de penumbra, porque não podemos ver o contexto total da nossa vida.

A única forma de ver a partir da luz é por meio da fé.

Assim que aumentamos a nossa frequência vibracional (despertando nossa espiritualidade), podemos olhar para a escuridão e entender plenamente o que vivemos.

Muitas pessoas só enxergam que há cada vez mais maldade no mundo. Não há mais maldade, o que há é mais luz, e é sobre isso que falo agora.

Imagine que você tem um quarto, ou uma despensa, onde guarda suas coisas, iluminado por uma lâmpada de 40 W. Se trocar para uma lâmpada de 100 W, verá muita desordem e um tipo de sujeira que você nem imaginava que tinha naquele local.

A sociedade está mais iluminada. Isto é o que está acontecendo. E isto faz com que muitas pessoas que leem essas afirmações as considerem loucura.

Percebeu que hoje em dia as mentiras e ilusões são percebidas cada vez mais rapidamente? Bom, também está mais rápido alcançar o entendimento de Deus e compreender a forma como a vida se organiza.

Essa nova vibração do planeta tem tornado as pessoas nervosas, depressivas e doentes. Isto porque, para poder receber mais luz, as pessoas precisam mudar física e mentalmente, precisam querer e despertar-se espiritualmente.

Devem organizar seus quadros de despejo, porque sua consciência cada dia receberá mais luz. E por mais que desejem evitar, precisarão fazer um esforço e começar a limpeza, ou terão de viver no meio da sujeira.

Essa mudança provoca dores físicas nos ossos e na mente, que os médicos não conseguem resolver, já que não provêm de uma doença que possa ser diagnosticada.

Dirão que é causado pelo estresse, mas isto não é real. São apenas emoções negativas acumuladas, medos e angústias, todo o pó e a sujeira de anos que, agora, precisam ser limpas.

É um júri popular que absolve ou condena o réu em um julgamento e não o juiz, mas quem confere os cartões de votação no final? Alguém já pediu para vê-los ou as pessoas só comemoram ou lamentam a decisão tomada? Que tal averiguar de vez em quando?

A intuição e o amor diziam ao homem de antigamente que ele deveria respeitar e não agredir a natureza. Hoje não temos amor nem usamos a intuição, e destruímos aquilo que sustenta a nossa vida.

De que adianta a ciência? A ciência separada da espiritualidade (não digo "religião" porque a maioria delas não incentiva o respeito à natureza) é uma fórmula destrutiva insaciável para quem quer apenas dinheiro e poder.

O caminho da evolução já está impregnado em todos os espíritos desde a criação, isto é, por todo o sempre desde o primeiro instante.

O plano não é externo, e sim interno. É uma programação interna irremovível. Basta obedecê-la, e este é um fato que não se pode mudar. Por isso, somos deuses, plenos, completos e perfeitos.

Um plano sempre tem uma meta que se quer alcançar. Deus é uma ação contínua, sem metas. Ele simplesmente É, a cada momento presente e nós juntamente com Ele.

Deus não planejou ser ou alcançar algo desde a Sua criação e o mesmo vale para nós, seus filhos. Não existe um Plano Divino para o espírito, mas existe um plano para as experiências terrenas. Nada do que passamos na vida está ao acaso. Não existem acasos...

Mesmo assim, esses planos podem ser alterados ou eliminados a qualquer hora por nossa vontade maior (do espírito), pois não são planos provenientes do Absoluto. Foram elaborados pelos cocriadores, que somos nós. Deus não precisa planejar, só existir, e a vida é eterna.

Não existe um plano divino para voltarmos à Unidade.

É claro que você já sabe que nunca saiu da Unidade, mas eu quero dizer que a gente acredita que exista um plano divino, um caminho estabelecido por Deus a ser seguido para a consciência dessa Unidade voltar.

Acontece que isso não existe! Ele te fez livre e você volta livremente para Ele.

Como no mundo de Deus existem várias moradas (dimensões, colônias, cidades espirituais, planos paralelos), também existem vários caminhos para criar a consciência plena. Eu não preciso me preocupar em seguir o caminho que um sábio ou **uma** religião me indicar.

Eu só preciso me reconhecer naquilo que sou em essência (espírito imortal e eterno). Existem inúmeras formas de fazê-lo. Eu faço o meu próprio caminho. Eu não preciso seguir ninguém, pois o melhor e único guia é Deus falando dentro de mim, e Ele fala a todo instante.

Ele vai me dar essa resposta e ela pode ser diferente para outra pessoa ou para muitos outros. Isso se chama "despertar interno". É Deus acordando em nós. O conselho para um, não serve para o outro...

Eu não escrevo minha história, pois sou a própria história. Escrevo livros para exteriorizar tudo o que sou, aprendo e vivo diariamente ao lado de espíritos amigos. Escrevo para despertar em você o que realmente você é.

Seja como água fluindo, fazendo o seu próprio caminho, contornando os obstáculos. Porém, não permita que o leito escravize o rio, caso contrário, em vez de um caminho, terás um cárcere.

Seja o rio e lembre-se de que, a cada dia, o rio é diferente ao do dia anterior. A água que passou por aqui hoje, não volta mais.

Portanto, você também é uma nova pessoa a cada dia, a cada hora, e a cada minuto.

Ser rio significa fazer parte de algo maior, ilimitado, e não de uma quantidade pequena de água (individualidade finita), que pode ser encerrada em um recipiente e parar de agir.

Seja como a água que, em vez de enfrentar o obstáculo, o contorna e segue em frente. Peça a Deus que te dê sabedoria, compreensão e consciência para não prejudicar nenhum ser vivo, eu disse **nenhum**...

Que o Pai guie meus olhos, meus passos e o meu coração, e não o corpo físico. É preciso ser sábio, consciente e praticar o tempo todo. Só assim todos nós seremos parte consciente do Uno novamente, desconectado do mundo material e ilusório deste plano dual.

Sou eu que faço os milagres. Tudo o que acontece tem uma explicação lógica e os agentes desses "milagres" somos nós mesmos.

Nós todos temos poder para fazer coisas que, para a maioria das pessoas, é inexplicável. A sua existência já é um milagre e a força que nos faz acontecer é uma só: o amor.

Mas lembre-se: se você faz um milagre ou vários, nunca se esqueça de assumir a total responsabilidade pelo que fez e faz. Você pode até querer fazer de tudo para que seu filho não passe pelas mesmas dificuldades que você passou, mas é errado querer que ele não passe por dificuldades e, com isso, evitar todas que surgirem no caminho que ele trilhar.

Ele precisa aprender a lidar com as dificuldades. Não existe escola melhor do que a Escola da Vida. As coisas só servem para nós nesta vida se pudermos renunciar a elas sem sofrer. Do contrário, já é apego, que gera dependência e resulta em sofrimento e infelicidade.

Intervir quando tem algo errado é a forma como agem os homens. Deixar acontecer é a forma como Deus age, isto é, não agindo, deixando acontecer. Que se faça a vontade do Pai. O destino se cumpre de qualquer maneira.

Chegou a hora de se preparar para pôr em prática tudo o que aprendemos ao longo de nossa (curta ou longa) vida. Não há mais tempo para cursos ou estudos demorados, que durem anos. Procure aprender o máximo possível e em pouco tempo, mas nada de teoria inútil.

Aprenda só aquilo que você poderá colocar em prática imediatamente. Todo o resto será perda de tempo. Seja objetivo e mantenha o foco naquilo que realmente interessa. Seja crítico sem ser fanático nem bitolado.

Flexibilidade e tolerância diante daquilo que você ainda não entende e senso crítico para perceber quem não está querendo ensinar, mas ganhar tempo e dinheiro, são duas atitudes que te ajudarão sempre a aprender somente o útil e o necessário.

Quando a hora de agir chegar, não tenha medo. Deixe os conhecimentos acumulados por milênios e mais a inspiração do seu Eu Superior e de outros guias funcionar.

Mantendo a sintonia com a Espiritualidade e o equilíbrio interno, você pode ter a certeza de que fará sempre o certo a cada momento e dará o melhor de si. Descarte as dúvidas e entre no fluxo do Amor.

> *Quem critica o outro, não tem tempo para se conhecer.*
>
> Osmar Barbosa

Autoconhecimento

Toda crítica, mesmo a mais perversa calúnia, deve ser encarada como uma crítica construtiva, pois com ela os "mestres da vida" estão nos ensinando algo.

Você é o mestre de si mesmo, pois Deus está em você e todas as respostas estão em você, pois você é perfeito, apenas não se lembra disso.

Para acessar o seu Eu Superior não é preciso seguir uma regra, a regra básica é despertar o seu espiritual.

O que pode te ajudar a despertar e a se conscientizar ao longo da sua caminhada é ver o seu próximo, qualquer pessoa, conhecida ou desconhecida, como seu mestre. Em outras palavras, é possível dizer que qualquer pessoa pode te ensinar alguma coisa, basta prestar atenção.

Em vez de eleger uma única pessoa como dona da sabedoria é melhor encarar todas as pessoas que cruzam o teu caminho como instrumentos de Deus para te instruir, e essa é a grande oportunidade que temos todos os dias.

É exatamente isso que Deus faz, e nós não reparamos que recebemos lições a cada instante. Nossa cegueira é tamanha, que podemos passar por inúmeras situações importantes na nossa vida, e não aprender a lição.

Prestando atenção e refletindo sobre os fatos que aconteceram conosco durante o dia, vamos perceber "a mão de Deus" agindo a toda hora para nos ajudar. Não dê muita importância às situações, aproveite sempre aquelas situações em que você pensa que não podem te ensinar nada. Os maiores ensinamentos estão nelas.

Não perca seu tempo procurando mestres para te ensinar a caminhar por esta vida. O mestre é qualquer um que cruze o teu caminho, seja por alguns segundos ou que permaneça na tua vida por alguns anos. Não existem acasos, lembre-se sempre disso.

Você não precisa de um mestre único. A vida te oferece inúmeros mestres a cada dia, que te ensinam e te testam de diversas maneiras.

Aceite todas elas e você será realmente sábio. "O mestre é você" (aquele que está no teu espelho neste momento).

O caminho do despertar é o de passar a ensinar a quem sabe menos que você. Passando a ser mestre, com humildade, você terá muito o que aprender com os seus alunos. Esse é o melhor caminho, é o ato de dar sem querer receber, como o Pai Maior.

Temos que nos conscientizar de que somos criatura, para podermos compreender que, na verdade, eu sou um ser criador. Você pode tudo e, por isso, pode ser visível e tocável – ou não, pelos outros.

Tudo se torna possível quando você sai da prisão em que você mesmo (sua mente) se colocou. Essa é a meta para quem quer se tornar um ser pleno, e que emana a própria luz.

Na hora em que você perder o interesse pelo planeta em que se encontra, a ilusão acabará. A vida não é material, e sim espiritual, conscientize-se disso...

Lembre-se de que, por mais sério que seja o assunto, ele pode ser discutido com um pouco de humor, e as maiores polêmicas devem ser debatidas com boa vontade e, principalmente, amor.

"Jesus veio para salvar os espíritos, e não os corpos físicos."

Por que você quer apenas salvar o corpo? Salvar-se é criar consciência, em corpo físico e/ou fora dele. É relembrar a nossa essência divina e deixá-la comandar a nossa vida.

Se alguém caluniar você e todo mundo acreditar no caluniador, a melhor atitude que você pode tomar é calar-se e esperar. Diga apenas: "São vocês que estão dizendo isso de mim".

Acontece que a verdade fala por si mesma. Dê tempo ao tempo.

Só não a enxerga quem não quer.

Essas pessoas vão ter de esperar o "tempo" necessário até que a verdade apareça... para elas.

Lembre-se: por pior que seja a calúnia e a modificação provocada em sua vida, "tudo passa". Não há mal que dure para sempre, e se não houver retorno à situação anterior é porque era necessário que isso acontecesse, serviu para alguma coisa.

Meu desejo maior é estar no *"olho do furacão"*. Isto significa o mesmo que estar na Fonte, na Origem de Tudo, estar com Deus. Figurativamente, o olho do furacão também é um lugar de calmaria cercada de caos, agito, conflito e desequilíbrio. Estar ali é voltar à origem, após a longa jornada evolutiva no universo dual.

Eu não tenho problemas na minha vida, somente desafios, e eu adoro desafios. Repita isso quantas vezes forem necessárias para você compreender o que você é.

Quem vê problema não vê solução. Isto quer dizer que, quando alguém presta atenção demais no problema, se preocupa, estressa e apavora com ele, acaba não enxergando a solução, que pode estar diante do seu nariz ou ser tão óbvia que nem precisa pensar muito. Respire antes de qualquer decisão.

Valorizar demais o problema é usar apenas a mente racional ou, às vezes, nem isso. Essa atitude reflete a ideia geral de que um problema é algo complicado, que vai te aborrecer, custar caro, tomar tempo e irritar.

Isso nem sempre é verdade. Acalmar-se, esfriar a cabeça e tentar encarar o aparente problema como apenas mais um desafio na sua vida, permite que o raciocínio ou a intuição possam agir e a atitude correta venha à mente. Não é preciso transformar o problema em um monstro ou em um bicho de sete cabeças. *Se ele está aí, você precisa encará-lo.*

Ele é apenas um obstáculo a mais que surge na sua vida para você enfrentar e aprender com ele. É apenas uma experiência a mais e, como todo mundo sabe, Deus não te dá uma cruz maior do que você possa carregar. Portanto, você sabe de antemão que o seu problema tem solução, tem várias soluções. Basta se acalmar para acessar pelo menos uma delas.

Se eu decreto que tenho um problema e me aborreço com ele, na verdade, estou "alimentando-o", e ele vai continuar a existir ou até aumentar. Eu preciso dizer para mim mesmo que ele não existe e ele desaparecerá sozinho.

Isso se aplica não só a algum problema que exija solução (financeiro, tomada de decisão, doença etc.), mas para algo que eu declaro que é um problema (raiva ou medo de alguém, preconceito, incômodo com algo que eu não posso mudar), pois fui eu que o criei na minha mente (ego).

Ele não existe sozinho. Talvez eu e as outras pessoas consideremos algo como um problema. Só a mente humana cria isso (os animais não veem problemas no mundo). Eu só me aborreço/incomodo com aquilo que eu decreto que vai contra a minha visão de mundo ideal, minha verdade. Como ela é imperfeita, eu não preciso enquadrar todo mundo nela. Essa visão distorcida da verdade vem do ego. É ele que põe "lenha na fogueira" dos conflitos.

Toda a vez que eu penso na pessoa ou no problema, eu crio uma conexão com ele, mantendo o conflito vivo. Se o Eu Espiritual comandar o meu corpo, não haverá mais problemas.

Certa manhã, um homem olhou no espelho e não viu o reflexo de seu rosto nele. Ele disse: "Oh, meu Deus, onde está o meu rosto?!". Então, de muito longe, Deus lhe respondeu: "Você tem que olhar dentro do seu coração muito cuidadosa e profundamente, e então verá que a minha face e a sua estão juntas.". Você precisa despertar para aquilo que você realmente é... um espírito.

Você pode buscar o refúgio ou a solução dos seus problemas usando drogas de todo tipo. Não existe ninguém no mundo que possa dizer que consumiu drogas e resolveu seus problemas com isso.

Todo mundo sabe que a droga tira sua consciência, faz você delirar e, depois que perde o efeito, você sente uma sensação horrível e os problemas continuam lá, no mesmo lugar em que estavam, e ainda existe a possibilidade de se viciar e gastar o que não possui.

Nos piores casos, ainda destrói a família toda, o seu emprego e a sua vida, quando não, a vida dos outros também. Portanto, toda pessoa sabe que ao consumir uma droga, que não vai resolver sua vida, ela está buscando uma fuga temporária e, com isso, se declara covarde e incapaz de enfrentar os desafios da vida, incapaz de cumprir com a sua missão e de superar os obstáculos necessários para o seu crescimento, intempéries essas que ela mesma escolheu antes de encarnar.

Muitas vezes, ela é derrotada, mas, em outras, acaba passando pelo teste e sai dele vencedora. É preciso acreditar que, nas piores horas da nossa vida, alguém mandado por Deus irá nos ajudar a descobrir a força que temos dentro de nós. Não devemos desistir nunca!

Ouça sempre o seu coração e nunca deixe de lado os sinais que o Universo te mostra todos os dias. Não se declare derrotado, antes de lutar com todas as suas forças até o fim.

"A luz no fim do túnel nunca se apaga."

De onde menos se espera está a solução. De quem você menos espera vem a solução, apenas ajude a despertar a luz que há em todos os filhos de Deus, e a luz despertará em você.

Nada é o que parece ser. Quem tem olhos que veja. Basta saber quais olhos usar. Você pode não mudar o mundo todo, mas pode mudar o mundo de alguém. Olhe sempre para a vida e para as pessoas com os olhos do espírito e não com os olhos da carne, esses deixarão de existir um dia.

Nada é absoluto. Tudo é relativo, menos o Amor. O amor é como o Sol: ninguém pode impedi-lo de nascer.

“

O mal é a ausência do bem.

”

Osmar Barbosa

O despertar consciente

O mal se ignora. O bem se pratica. Eu não erro, eu me lapido.

Quem faz o mal, tem medo do mal, mas quem faz o bem, não tem medo do mal. Por que será?

Usar a lógica é usar o pensamento dual. O que nosso Deus interno decide não tem lógica, mas ***é*** o certo e não precisa de análise. Então, seja o seu Eu Espiritual e dê o máximo de si, agora!

“Quem não tem coragem de enfrentar os seus próprios medos, não está pronto para caminhar para a evolução espiritual.”

A vida vai te colocar à prova contra a sua própria vontade. Quem não aprende pelo amor aprende pela dor (fato).

O ilusionista só dá um show se tiver público.

Com isso, quero dizer que os donos do poder na Terra criam ilusões há milênios e a humanidade acredita neles e se deixa manipular e, por isso, continua sofrendo e reencarnando, acreditando nas mentiras ou morrendo de medo delas.

Quando a população mundial despertar do sonho; criar consciência de que ela deve caminhar com as suas próprias pernas; que cada um deve fazer o seu próprio caminho; e que ninguém tem o poder nem o direito de impedi-los, os criadores de ilusões não terão mais público e perderão o poder.

Todo mundo verá que eles são uma fraude, ditadores sem exército e egoístas gananciosos. É preciso acordar, minha gente. Chega de ideologias destrutivas...

O ser humano está acostumado e gosta de seguir e ter um líder, seja político, religioso ou no seu trabalho, mas se o líder falhar ou revelar os seus defeitos, o seguidor muda de lado, começa a odiar e fazer críticas ao líder.

O maior erro é seguir alguém e querer que essa pessoa diga para você o que fazer. As pessoas só fazem isso, porque não querem ser seus próprios líderes nem dirigir a própria vida. Por quê?

Simples, não querem assumir a responsabilidade por seus atos. É muito cômodo designar alguém como seu líder, guru ou ídolo e, se esse alguém falhar, colocar a culpa nele.

Só que enquanto você não tomar as rédeas da sua própria vida, você nunca irá evoluir. Não existirão líderes se não existirem seguidores. Pare de se deixar guiar!

Tome as rédeas da sua própria vida!

Seja responsável pelos seus atos! Assuma a responsabilidade pelo o que você faz. Sabe o que mais assusta você?

A possibilidade de ter que assumir o comando da sua própria vida. É o medo de crescer caminhando com as próprias pernas, sem ajuda externa.

A humanidade ainda não aprendeu com a lição dos grandes homens do passado. Quando uma nação não tolera mais as injustiças de um líder ditador, eles apelam para as mesmas armas (a violência) que ele sempre pregou para derrubá-lo.

Os homens ainda não aprenderam que a gente derruba um governo pela não violência, pela não ação, pela não reação, pela resistência passiva, pela desobediência civil e, só às vezes, pela greve geral.

"Violência só gera ódio e violência."

Se ficarmos quietos em casa, sem formar aglomerados humanos protestando em praças públicas, seremos alvos fáceis, e será difícil eliminar os opositores do governante, mas a pressão sobre ele será enorme se fizermos o contrário.

Um alvo ou um inimigo descentralizado é a única coisa que nenhum exército quer. Não se acaba com a ignorância e o desrespeito com o ódio, mas com o amor. O diálogo e as atitudes que fazem o opositor repensar seus conceitos são o caminho para solucionar essas questões que chocam o mundo.

Faça o agressor se colocar na posição da vítima, em vez de querer eliminá-lo da face da Terra. Dê-lhe consciência, mas, antes, crie você a consciência. Só emoções contrárias resultam em anulação de forças. Ódio só gera ódio. Egos exaltados de ambos os lados criam uma guerra e não soluções.

Educação séria (teórica e prática) desde pequeno também ajuda.

A única riqueza que devemos almejar é a riqueza do coração, da espiritualidade e da alegria. Mas também nada contra querer ser próspero, feliz, ter sucesso, e uma vida confortável. Porém, todos nós sabemos que riqueza não é sinônimo de felicidade.

A felicidade não é obtida com bens externos nem pode ser comprada. A felicidade é algo espiritual...

Sempre que você for fazer alguma coisa ou sair de casa com um roteiro preestabelecido, e alguma coisa não correr como o planejado, não se revolte. Aceite as circunstâncias e, chegando em casa, analise com calma tudo o que aconteceu.

Quais fatos ocorreram depois que você foi forçado a sair do seu roteiro? Na maioria das vezes (e, às vezes, só depois de alguns dias ou semanas) você terá uma explicação que justifique o porquê de você ter sido tirado daquele caminho. É Deus te guiando, confie.

Algum motivo Deus ou os seus mentores espirituais tiveram para fazê-lo, creia.

Você pode ter sido salvo de um acidente ou de um assalto; ou teve que desviar da sua rota normal para cruzar com alguém que precisava te encontrar ou que não te via há muito tempo; ou descobriu uma loja naquela rua com alguma coisa que você precisava e sequer sabia da existência dela.

Tudo tem uma explicação e nada acontece por acaso. Você não é um acaso.

Quando você pede algo a Deus, Ele costuma não te dar o que pediu, mas te entrega um problema para você desenvolver a habilidade que pediu ou a oportunidade de conseguir o bem que você quer. Por exemplo, se você pede paciência a Deus, Ele não vai te dar a paciência, mas fará você passar por uma situação em que você precisará ter muita paciência.

Com isso, Ele quer que você desenvolva essa habilidade, em vez de dá-la a você sem que você faça esforço algum.

Pergunte para Deus, e Ele te responderá:

Pedi força e vigor, e Deus me mandou dificuldades para me fazer forte.

Pedi sabedoria, e Deus me mandou problemas para resolver.

Pedi prosperidade, e Deus me mandou energia e inteligência para trabalhar.

Pedi coragem, e Deus me mandou situações perigosas para superar.

Pedi amor, e Deus me mandou pessoas com problemas para eu ajudar.

Pedi favores, e Deus me mandou oportunidades.

Não recebi nada do que pedi, mas recebi tudo o que precisava.

As minhas preces foram atendidas. Deus costuma usar a solidão para nos ensinar a convivência. Às vezes, usa a raiva para que possamos compreender o infinito valor da paz.

Outras vezes, usa o tédio quando quer nos mostrar a importância da aventura e do abandono.

Deus costuma usar o silêncio para nos ensinar algo sobre a responsabilidade do que dizemos.

Às vezes, usa o cansaço para que possamos compreender o valor do despertar.

Outras vezes, usa a doença quando quer nos mostrar a importância da saúde.

Deus costuma usar o fogo para nos ensinar a andar sobre a água.

Às vezes, usa a terra para que possamos compreender o valor do ar.

Outras vezes, usa a morte quando quer nos mostrar a importância da vida.

Para que Deus possa falar, eu devo calar.

Quem fala, esteriliza a mente.

Quem pensa, esteriliza a alma.

Quem não fala nem pensa, fertiliza a alma.

Para além das palavras e dos pensamentos começa o despertar espiritual.

O silêncio e a solitude produzem a consciência espiritual.

O homem sábio deve ser capaz de usar tudo, sem recusar nada e sem abusar de nada. Muitos abusam, alguns recusam e poucos usam.

O egoísta, quer receber para ter.

O asceta, não quer receber para não ter.

O sábio, quer receber para dar.

O homem profano valoriza o ego físico-mental-emocional eclipsando a consciência espiritual do Eu. Vive para as coisas do corpo, do intelecto e do mundo material. O que importa para ele é o ter e ignora o ser.

O homem místico valoriza o Eu espiritual isolando-se das consciências do ego profano. Detesta o materialismo e adora a espiritualidade. Isola-se do mundo profano e se refugia no silêncio.

É necessariamente um asceta, austero e isolacionista, rejeitando o mundo normal.

O homem despertado transformou a consciência mística em consciência cósmica. Encontrou um mundo glorioso muito além do isolamento solitário em Deus.

Ele experimentou no íntimo do seu ser que o Deus do mundo está no mundo de Deus, que Deus é a íntima Essência Universal em todas as Existências Individuais, que Deus está em tudo e em todos e além do todo que somos capazes de entender.

Como aprendeu a ver Deus em todas as coisas, pode viver no meio de todas as coisas sem perder de vista a Deus.

O mundo profano não corrompe o homem despertado, assim como a luz não se torna impura quando posta em contato com coisas impuras.

O homem profano é um diversitário, porque só enxerga as periferias múltiplas e diversas.

O homem despertado, porém, é um universitário, um homem que enxerga a unidade na diversidade (uni-verso: um em diversos); pode viver nos (di)versos sem renegar o uno e único; pode viver no mundo de Deus sem deixar de ser do Deus do mundo.

A luz é incontaminável.

A luz é imune em face de qualquer impureza.

O homem cósmico, na plenitude da sua evolução, é incontaminável como a luz.

"Vós sois a luz do mundo.", disse Jesus.

Veja sempre o lado bom das coisas e das pessoas primeiro. Pense positivo, seja otimista. Assim, você abre seus caminhos. Se algo ruim acontece é para você aplicar seus conhecimentos para ajudar alguém, para descobrir como se faz, para aflorar suas capacidades escondidas, para testar sua paciência e amor incondicional etc.

Vendo as coisas por esse lado, você logo descobre por que está sendo testado e não se desespera à toa.

Como nada acontece por acaso, analise os fatos pelos quais passou e tente descobrir por que você passou por aquilo, e qual foi o ensinamento para você. Aí, você descobrirá a utilidade de tudo ou a mão invisível de Deus atuando em sua vida.

Veja onde há facilidades e não dificuldades.

Sinta-se capaz de enfrentar as dificuldades com a ajuda de Deus e você acabará não vendo mais dificuldades em coisa alguma. Enxergue o "mundo real", o mundo por detrás da fachada da ilusão.

Descubra o mundo como ele realmente é. O "mundo real" tem recursos infinitos e, nele, você não tem limitações.

Encare a tudo de forma positiva.

Quando surgir um obstáculo na sua vida, pergunte-se: "O que esse problema tem a me ensinar?". E se você passou por um problema, não importando se você venceu ou foi vencido, pergunte o que ele te ensinou (ou o que aprendeu com ele), ou quis te ensinar.

De tudo na vida é preciso tirar uma lição para nos ajudar a continuar evoluindo. Toda guerra tem o objetivo de reforçar o amor e o desejo de paz, além de incentivar belíssimas ações solidárias apesar do perigo.

As tragédias coletivas, as catástrofes, e os terremotos são momentos de muita união, e vontade de amar.

Só nessas ocasiões extremas é que os seres humanos mostram do que são capazes para ajudar seus semelhantes, superando seus próprios preconceitos.

Se alguém fez um grande mal a nós, por que nunca nos questionamos sobre o que as suas ações nos ensinaram? Todo líder ruim tem a função de ensinar um bem a uma parcela da humanidade usando as armas do mal.

Não dizem que há males que vêm para o bem? Aí está a prova.

As dores que você sente são a prova da sua falta de evolução. Quanto maiores as dores, maior a falta de evolução. Isso não quer dizer que seres evoluídos não sintam dores.

Quer dizer que não dão importância exagerada às dores físicas, emocionais e mentais e, por isso, elas não os incomodam tanto ou, às vezes, nem tomam mais conhecimento de sua existência.

As pessoas pouco evoluídas, ao contrário, quando têm alguma dor, valorizam-na demais, e aí ela só aumenta; isso quando não criam uma dor só para chamar a atenção.

Alimentar a dor é fazer perdurar o sofrimento.

Quanto mais tempo você ficar relembrando e lamentando um fato que causou dor, mais tempo prolongará a angústia e a tristeza.

Fazer isso é alimentar o ego, que gosta de se sentir a vítima.

O que você ganha com isso? Dor, tristeza e decepção. Todo mundo tem o direito de sentir de vez em quando, mas é preciso erguer a cabeça e continuar caminhando, pois a vida continua.

Os fatos que nos chocam são as provações que a vida põe no nosso caminho para testar nossa força e capacidade de reação. Em vez de lamentar, pergunte-se o que a vida quis te ensinar com aquilo… e não esqueça que foi você mesmo quem escolheu esse teste. Você escolheu reencarnar.

Tudo o que acontece com você não é ruim, errado ou injusto. É sempre aquilo que você está precisando naquele momento. É uma ação que a vida te oferece esperando que haja uma reação sua, pois é um aprendizado de que você necessita.

Lamentar-se ou sentir-se derrotado não é reagir. É não entender que a vida quis te ensinar a não ficar na inércia.

Depois de um acontecimento desagradável ou após qualquer fato, se pergunte o que você devia aprender com isso ou qual é o ensinamento, em vez de sair reclamando.

Quem se incomoda é o ego.

Enquanto você não aprender a lição, a vida vai te aplicar outro teste igual. Lembre-se de que tudo o que Deus faz é bom, é certo e feito por amor. Não existe nada de ruim, errado nem mal. O mal não existe. O mal é o bem mal interpretado.

Se alguma coisa abalou você ou alguém te oprimiu, entenda que isso foi necessário, mas continuar vivendo essa situação sem fazer nada é errado. O teste é para você acordar para a vida ou descobrir sua força interior.

Portanto, reaja para a vida!

Enquanto você se incomodar com alguma coisa ou com alguém, a vida vai continuar pondo em seu caminho situações semelhantes até você se desapegar.

Repare no que te incomoda, entenda o que Deus está querendo te ensinar e mude de atitude.

A mulher só continua a viver com o marido brutal, ignorante e ciumento, de quem apanha, enquanto ela precisar desse ensinamento.

A família só continua a morar à beira do rio, que inunda todo ano fazendo com que ela perca todos os seus bens, enquanto achar que ela não tem alternativa de mudar para outro lugar.

As pessoas vão continuar a sofrer enquanto não despertarem a consciência de que elas são capazes de mudar as suas vidas.

As opiniões dos outros só vão te incomodar, machucar, magoar ou ofender enquanto você não entender que isso não tem importância, enquanto valorizar o seu ego, a dor.

Pare de se sentir vítima do mundo.

Você deixará de ser vítima quando você deixar de se declarar vítima. As pessoas com quem você vive, trabalha ou os vizinhos são o instrumento usado para te ensinar a resistir, a reagir e a superar os obstáculos.

Eles não são maus.

Eles são o professor rigoroso, que te ensina pela força e dor, e não pelo amor. Agradeça a ele (o mal), em vez de reclamar. Ele faz muito bem o seu papel.

Às vezes, só assim você acorda para a vida, da qual você nunca é vítima. Para isso, existe um método muito eficiente: quando você comete um erro, por ignorância ou teimosia, a outra pessoa (já esclarecida) faz o maior teatro, parece brava, ofendida, revoltada, e depois que terminou pergunta para você: "Você levou a sério? Eu nem me importo. Só fiz isso para testar você e te ensinar. Ensinar a reagir, a fazer a coisa certa, a assumir responsabilidades. Passou no teste ou não?".

O que você mudaria nos hábitos ou nas atitudes do seu pai/sua mãe ou do seu marido/sua esposa? *Pare, pense e anote. Só depois leia a resposta.*

Resposta: Nada. Eu o/a amo e o/a aceito como ele/ela é.

Se pudesse, quais seriam as cinco pessoas que você levaria para o céu? Quais você salvaria? *Pense e anote em um papel. Só depois leia a resposta.*

Resposta: As cinco pessoas mais carentes de amor no mundo; aquelas que não conhecem o amor do meu Pai ou esqueceram totalmente a Fonte que os criou por amor.

Pessoas rejeitadas pelo mundo, que só vê os seus defeitos e não as suas carências. Estão incluídos os grandes criminosos, assassinos, ditadores e outras pessoas sem escrúpulos nem piedade, mas cheios de ódio e egoísmo.

Não adianta levar para o céu quem já está a salvo, quem não precisa de ajuda ou simplesmente é um parente próximo. É preciso olhar em volta e ver quem são os reais necessitados.

Jesus disse: *"Se alguém quiser salvar a sua vida (ego), perdê-la-á, mas quem perder a sua vida (ego) por causa de mim (Eu), este se salvará"*.

A Verdade, quando ampla e universal, sempre tem esse aspecto paradoxal. Somente das verdades pequenas e unilaterais pode-se dizer que não são paradoxais. De toda verdade unilateral pode-se também afirmar o contrário, porque as nossas verdades são sempre parciais.

É necessário morrer – para viver...

É necessário despossuir-se de tudo – para possuir tudo... É necessário perder – para ganhar...

É necessário ser tolo – para ser sábio... É necessário ser fraco – para ser forte...

É necessário esvaziar-se – para ter plenitude...

A visão parcial é ciência analítica – a visão total é sapiência intuitiva...

O penúltimo estágio da autorrealização é virtude – o último é sabedoria...

Quem é plenamente liberto de todas as servidões pode oferecer-se como servo de todos... Quem não é liberto fala muito em liberdade e detesta qualquer servidão como antítese da liberdade...

Somente o homem plenamente livre pode ser voluntariamente servo... No auge da liberdade reduz-se o homem ao nada da servidão...

Tão gloriosamente livre é ele que pode ser voluntariamente escravo... Tamanhos são os paradoxos da Verdade Libertadora...

Dedique-se ao trabalho pelo trabalho, com empenho, e não por algo que você pode ganhar através dele. Aí, você vira escravo.

Ninguém se converte por causa de belas palavras ou elevados pensamentos. Só se converte aquele que passou pelas duras provas da vida e conquistou pela consciência a Verdade libertadora.

O que você faria se, de um momento para o outro, você ficasse sem esposa, filhos, casa, roupa, emprego e dinheiro?

Em casos como terremotos devastadores isso costuma acontecer com muita gente. Imagine a seguinte situação: farei uma longa viagem para reencontrar o meu filho, após muitos anos sem vê-lo. Ao chegar ao local, fico sabendo que ele acabara de falecer. Qual será a minha reação? Aceitarei o desígnio divino sem me lamentar?

Se o Pai achou que eu não deveria mais encontrar o meu filho vivo nesta vida, é porque os anos em que convivi com ele foram suficientes. Além disso, eu não perdi absolutamente nada, pois a morte não existe. É apenas uma mudança de dimensão.

Ainda poderei ter contato com ele mentalmente, vê-lo e sentir a sua presença ou vice-versa. Só não será mais possível abraçá-lo com este corpo.

Então, vou lamentar o quê? Sentir tristeza seria lamentar a minha “aparente” perda, o que seria ter pena de mim mesmo e não do meu filho, que se foi deste mundo.

Ao invés disso, devo me alegrar pelo fato de ele já ter terminado a sua missão nesta vida. Se ele a terminou antes de mim é porque tinha menos provas para enfrentar.

E não importa se ele resolveu deixar esta vida de forma violenta, chocante ou aparentemente injusta. Devo sempre aceitar que o Pai o chamou de volta para a vida espiritual na hora certa, no momento em que isso deveria ter acontecido. Não importando as minhas vontades ou preferências.

A vontade do Pai Maior é soberana e eu a aceito. Não se trata de ser insensível, mas de entender o significado disso, que todos nós somos eternos e pertencemos à Unidade.

É preciso colocar essa consciência em prática, mesmo nos piores momentos. Não é que não devemos lutar pela vida terrena nem desistir facilmente, mas quando o fato está consumado, não há lugar para lamentações, e sim para agradecimentos ao Criador.

Qual é a sua reação quando falta energia elétrica na sua casa por mais de cinco minutos? E se demorar mais de meia hora para voltar a luz, o que você fica fazendo?

Eu aproveito para pôr a conversa com a família em dia ou faço meditação. Nada de reclamar, de me estressar por não assistir à novela, ao noticiário ou não poder acessar a internet. Nesses momentos, percebemos o quanto estamos viciados na tecnologia e não damos um tempo para nós mesmos e para as relações afetivas em família ou em qualquer outro lugar.

Mesmo sem luz, ainda tem os malditos aparelhos de som movidos a pilha, para tocar música que não presta direto nos nossos ouvidos, e o celular que continua funcionando, mas não deveria. O melhor seria esquecê-los nessa hora. A vida está te dando uma pausa para acordar e você não quer perceber.

"Orai e vigiai" sempre. Isso serve para tudo. Orando você se liga ao Pai. Vigie não só os outros e os perigos visíveis e invisíveis que podem ameaçar a ti e aos teus, mas vigie principalmente os teus pensamentos (ego) e os teus atos, conscientes e inconscientes.

Busque conhecer-te realmente, como ser integral, e conhecerás os segredos do Universo e a maneira de agir de Deus.

A verdade está em você.

É verdadeiro, completo, claro e certo. O que está embaixo é como o que está em cima, e o que está em cima é igual ao que está embaixo, para realizar os milagres de uma única coisa. Ao mesmo tempo, as coisas foram e vieram do Um. Desse modo, as coisas nasceram dessa coisa única por adoção.

1º mandamento: *"Ama a Deus com todo o coração, com toda a alma, com toda a mente, com todas as tuas forças."*.

2º mandamento: *"Ama o teu próximo como a ti mesmo."*. (*Jesus Cristo*)

"Conheça a Verdade e a Verdade vos libertará." (Jesus Cristo)

"Tudo é possível àquele que tem fé." (Jesus Cristo)

"Eu e o Pai somos um. Eu estou no Pai como o Pai está em mim, mas o Pai é maior do que eu. Não sou eu que faço as obras, mas o Pai que está em mim. Eu estou no Pai e vós em mim e eu em vós. O Pai também está em vós e vós estais no Pai." (Jesus Cristo)

"Vós sois deuses. Vós sois a luz do mundo. O Reino de Deus está dentro de vós." (Jesus Cristo)

"O Cristo não pediu muita coisa, não exigiu que as pessoas escalassem o Everest ou fizessem grandes sacrifícios. Ele só pediu que nos amássemos uns aos outros." (Chico Xavier)

"Sem a ideia de reencarnação eu não vejo uma explicação sensata, inclusive, para a existência de Deus." (Chico Xavier)

"Se as críticas dirigidas a você são verdadeiras, não reclame; se não são, não ligue para elas. Quando você não tiver uma palavra que auxilie procure não abrir a boca." (Chico Xavier)

"Sempre recebi os elogios como incentivos dos amigos para que eu venha a ser o que tenho consciência de que ainda não sou." (Chico Xavier)

As principais lições que Jesus nos ensinou nós não seguimos: amar a todos incondicionalmente, e não julgar ninguém. E, por último: amarmos a nós mesmos, assim como o nosso próximo.

Meu Deus, dai-me serenidade para aceitar as coisas que eu não posso mudar, coragem para mudar as que posso, e sabedoria para saber a diferença.

Não busque no exterior, mas volte-se para o interior, pois a verdade reside no homem interior. A consciência é a única forma de impedir a maldade, pois nenhuma pessoa consciente mata ou prejudica o seu próximo intencionalmente.

O imprevisto não pode perturbar a ordem cósmica mais do que o cair da noite perturba a luz do dia. Por quê? Porque a natureza desse Eu Supremo e o mar de acontecimentos da vida são uma só coisa. Dependa só de você mesmo, pois você se basta. Homem, baste-se a si mesmo!

Seja dirigente da sua própria vida, sem depender de nada nem ninguém no plano terreno. (Deus sempre vai te apoiar, pois Ele está em você.). Se você não decidir o rumo da sua vida sozinho nem quiser assumir a responsabilidade por seus atos, você vai demorar muito para evoluir. Só adquire consciência espiritual plena quem sabe dar seus próprios passos.

Não importa o que eu faça, ou seja, ajudando ou prejudicando o meu próximo, eu estarei sempre fazendo a vontade de meu Pai e servindo-o.

Não há pecado contra o Pai nem a negação do Pai. Eu estou Nele e Ele está em mim. Eu sou cumpridor da Sua vontade, querendo ou não, estando consciente disso ou não.

Não há nada de errado para o meu Pai.

A única coisa que me faz ser cada vez melhor na convivência com os meus irmãos de jornada é a expansão da minha consciência, o que faz aumentar também a minha responsabilidade e a vontade de ajudar meu Pai, de ser o seu auxiliar pleno, liberto das amarras da ilusão.

Todo ato é um ato de Amor, por mais insensato que nos pareça. Toda nossa vida, espiritual ou material, está impregnada da vontade de Deus, do Amor, pois Deus é Amor.

Amor Incondicional é amor sem condições.

Você ama alguém independentemente de quem ele seja, o que faz, onde mora e no que crê. Você ama porque quer que a pessoa seja feliz. Não imponha condições para ela ser feliz, de acordo com o jeito que você pode achar que deve ser. Ela precisa ser feliz do jeito dela. Isso é dar a liberdade que Deus também nos deu.

Quando você se torna consciente do todo e de quem você é, não existem mais inimigos no mundo, apenas irmãos conscientes, semiconscientes e inconscientes.

Querer ajudá-los ou deixá-los aprender com a vida é uma escolha sua. Importante é saber conviver com essa diversidade. Essa é uma arte que devemos praticar todos os dias em nossa vida.

Forma (mundo material) significa limitação. Estamos aqui neste mundo não só para vivenciar as limitações (da forma: corpo, construções, distância, meio ambiente e da mente – o pensamento limitado torna você um escravo do trabalho, da sociedade, das religiões etc.), mas também para ampliar nossa consciência por meio do afastamento das coisas que nos restringem e da superação da resistência existente no plano físico, inclusive no âmbito mental.

A prisão está na forma, mas quem nos prende é a mente, que classifica, analisa, julga, pensa e acredita na forma.

Seja a paz no meio da guerra. Deus planta um ninho no seu coração para que tu sejas a paz.

O melhor relacionamento é aquele em que o amor entre duas pessoas é maior do que a necessidade que elas têm uma da outra.

As verdadeiras palavras não são sempre bonitas e as palavras bonitas nem sempre são verdadeiras.

O livro é um mudo que fala, um surdo que responde, um cego que guia, um morto que vive.

O livro traz a vantagem de a gente poder estar só e, ao mesmo tempo, acompanhados.

A leitura é uma forma de felicidade.

Não se pode ensinar nada a ninguém. Só se pode ajudar as pessoas a descobrir que já possuem em si mesmas tudo o que têm para aprender.

Neste plano, material, a verdade absoluta nunca poderá ser escrita, explicada, nem sentida, pois ela só pode ser vivida, e não em um corpo físico.

Eu tenho o direito de me indignar, de achar algo injusto ou cruel e resolver evitar que se repita. Eu posso entender por que essas coisas acontecem, mas a indignação eu não preciso eliminar da minha vida.

Não preciso deixar de ter emoções, só controle, para saber avaliar corretamente os fatos que acontecem à minha volta e agir quando for preciso, com sabedoria consciente.

Ao rezar no "Pai Nosso" a frase "Seja feita a Vossa vontade, Pai", eu tenho a certeza de que tudo vai dar certo e declaro que o que tiver que acontecer será bom e instrutivo para mim.

Tudo que segue a vontade do Pai é correto. Se minha casa for destruída amanhã e, eventualmente, com minha família dentro, será bom para eu aprender alguma coisa.

Tenho certeza disso e, tendo discernimento, eu saberei aceitar.

Nós vivemos atualmente a cultura da dúvida, do medo, da insegurança, e da negatividade. Por que isso? Porque damos importância apenas à vida material, ao que os cinco sentidos materiais captam, e o que o cérebro, que faz parte da matéria e funciona na base da dualidade, consegue captar e analisar.

A descrença na alma, no espírito e num Criador faz com que nossa vida seja incompleta e os resultados estão aí para todo mundo ver e sentir. Está na hora de mudar e ampliar os seus horizontes, mudar os paradigmas, crer no invisível sem precisar de provas materiais. É assim que se conquista a consciência e a liberdade.

A maior velocidade no Universo não é a luz, mas o pensamento. Por quê? Simplesmente porque o pensamento é imediato. Não demora nenhum milissegundo.

Todos os filhos de Deus estão interligados e a comunicação entre eles é imediata. A resposta mais correta para a pergunta é: porque o pensamento não está na dimensão do tempo. Fora do tempo e espaço não há o conceito de velocidade.

O pensamento pertence ao mundo da dualidade, mas ele não se move nela. Como se explica isso? Interação entre corpo físico e corpo espiritual, isto é, a existência de várias dimensões e de corpos e mundos invisíveis para quem está na 3ª dimensão.

Se uma pessoa não é importante para você, por que ela deveria passar a ser só por cometer um ato ruim contra você? Mantenha-a na sua insignificância ou neutralidade e apenas resolva o que precisa ser resolvido.

Pergunte ao seu espírito se você está fazendo o que ele deseja. Harmonize-se (sintonize-se) com ele e siga a mesma diretriz. Sua vida será bem melhor fazendo isso.

A interação consciente entre espírito, alma e corpo físico é a fórmula para alcançar o equilíbrio, a perfeição e terminar o ciclo de reencarnações.

O seu espírito está aqui agora. Então, deixe-o agir, agora, neste corpo físico. Aí o pensamento cessa e o corpo cumpre o seu papel verdadeiro, a sua missão. Deixe- o entrar!

Como você quer ajudar o seu próximo se você não o aceita como ele é? Não é querendo que ele seja como você ou como acha que ele deve ser, que você conseguirá ajudá-lo. Aceitar as diferenças é um ato de amor.

Quando você vir pessoas em conflito não as julgue nem tome partido de um dos lados. Pergunte a si mesmo: “Como posso ajudar?” e, depois, vá lá e faça.

Se eu não crer no que eu digo ou faço eu não crio. O poder de criar depende da minha crença naquilo ou fé. O pensamento ou o poder do espírito transforma o Prana em algo que eu possa ver ou sentir.

Não se pode dar o que não se sabe que tem. Potencialmente, nós temos tudo em nós, mas enquanto não tivermos a consciência de que temos o poder e a sabedoria, eles não poderão ser ensinados a ninguém.

A palavra "sacrifício pessoal" não significa simplesmente "oferta pessoal ou coletiva a uma divindade, simbolizada na destruição de um bem ou na imolação de uma vítima, às vezes, animal, uma pessoa ou a própria pessoa que faz a devoção".

A palavra deriva do latim "sacro ofício", isto é, cumprir um dever sagrado, que já estava predeterminado a acontecer e que não é ruim e doloroso para quem o pratica. É cumprir o dever ou a missão para a qual veio a esta vida.

O sacrifício de Jesus Cristo não deve ser visto como uma tragédia, mas como o ápice da trajetória que Ele veio cumprir na Terra. Foi o ato final necessário e, portanto, sagrado.

A diferença entre uma pessoa consciente e uma inconsciente da Verdade é a seguinte: Alguém diz que vai fazer algo que, para a maioria, é tido como inconcebível ou impossível. O inconsciente diz: "prova-me que é possível fazer isso.". O consciente diz: "vá e faça, mas não precisa explicar nada. Eu sei que você é capaz.". E se ele quiser poderá até imitá-lo. Quem tem consciência não precisa de provas porque não tem dúvidas.

Ele não está mais na dualidade e, como Deus, já sabe que tudo é possível, porque tudo aqui neste plano material é criação da nossa mente e pode ser alterado quando quisermos.

Chegará o dia em que a nossa decisão será apenas a de acordar do sonho em que estamos vivendo. Aí, toda ilusão acabará e voltaremos à Realidade, à Unidade.

O ignorante pergunta para saber. Seja boa ou má, ele quer obter a resposta. O sábio, porém, pensa para responder e olha dentro de si mesmo antes de perguntar.

O limite entre a sabedoria e a ignorância se resume a uma mão que se estende para dar e outra que se recolhe para não receber.

É mais valioso saber do que possuir algo. O que está dentro de você e ninguém pode tirar (conhecimento, experiência de vida, valores morais) é o seu bem mais precioso.

Deus não resolve os seus problemas externamente, levando a solução até você. Ele age dentro de você, que é filho d'Ele e, portanto, tem ligação direta com Ele. Quando uma pessoa vem e te ajuda, quem a atraiu foi você.

Você tem o potencial de Deus em você, mas não acredita nisso. Por isso, dá os méritos a outros. Quando você acredita em algo, externo ou interno, Deus consegue agir em você. Isso é fé.

Não é Deus quem te salva, é você, com Deus dentro de ti. É o teu Deus interior. É Deus agindo em você e não fora de você.

Não tenho limites, a não ser aqueles que estabeleço para mim mesmo. Cada um estabelece os seus próprios limites, quando quer. Cada pessoa estabelece o seu limite.

Cada pessoa escolhe até onde quer chegar. Tem gente que se impõe um limite (não físico) muito próximo. Dali ela não passa porque decreta que não é capaz, que é difícil, que não tem estudo suficiente e mil outras desculpas.

Tem outros que colocam o limite mais distante, mas, um dia, também decretam que chegaram ao máximo de sua capacidade, seja de estudo, de cargo na empresa etc.

Agora, o verdadeiro vencedor não coloca limite algum ou um limite móvel e bem distante. Quando chega a alcançá-lo, já joga esse limite mais para frente. Este, persegue metas, mas não decreta barreiras intransponíveis. Exemplo: duas pessoas entram em uma empresa multinacional como *office boys*. Um deles diz que nunca conseguirá ser alguém importante naquela empresa. Acabou de se limitar. O outro, mesmo sem estudos e privilégios, declara que, um dia, será o presidente daquela empresa. Este não vê obstáculos à sua frente.

Não importa o quanto ele terá de se esforçar para se sustentar, estudar à noite por muitos anos e superar as pessoas falsas e invejosas que vão tentar puxar-lhe o tapete. Ele só vê a cadeira de presidente ocupada por ele.

É natural que existam obstáculos no caminho, mas só os enxergam e decreta onde está o seu limite máximo quem quer. A caminhada para a luz é fácil quando a decisão é seguir em frente, sem ver obstáculos, e sim oportunidades para evoluir.

O Guerreiro de Luz empunha a sua Espada de Poder (espiritual) e emite luz sobre as pessoas, não para machucá-las, mas para despertá-las para o conhecimento, para a consciência, pois luz é conhecimento.

Não queira "se tornar" um ser melhor ou perfeito algum dia. Você já é perfeito. Aceite esse fato, elimine da sua mente todos os conceitos arraigados de imperfeição e deixe aflorar os dons do criador que você é e só não sabia, mas com humildade. Quem é Deus respeita e ama o próximo.

Quando você parar de projetar o aprendizado para um futuro longínquo e aceitar a sua divindade agora, as transformações na sua mente e no seu corpo vão ocorrer naturalmente. Mas, lembre-se: toda evolução passa necessariamente pela prática. Só teoria não basta.

Saber que temos liberdade e poder ilimitados abre um campo de atuação fantástico neste mundo físico, só limitado pelos nossos valores morais e fé em si mesmo.

Saber que posso quebrar as leis da Física, da Química, alterar o clima e o meu corpo, ignorar o tempo e espaço, superar o ego, curar a mim e a qualquer pessoa, animal ou planta; saber o que se passa na mente e no corpo de qualquer um e acessar qualquer conhecimento e cenas do passado e do futuro é transgredir todas as regras que regem este mundo.

Não existem regras, pois são criações dos homens. Essas regras só não mudaram ainda por causa do consciente coletivo (melhor seria dizer inconsciente coletivo), manipulado por uma minoria, que não quer ou não acredita que pode mudar a qualquer momento.

Os cientistas, em geral, não conseguem ter o controle sobre algum processo por não conhecerem e não poderem controlar os muitos fatores que o influenciam. Sempre lhes escapa algum fator que não imaginavam existir.

Acontece que, mesmo os fatores que eles conhecem e acreditam que possam controlar, podem ser alterados por forças que os cientistas desconhecem ou não acreditam existir. Alguém com poder sobre essas energias pode desligar, potencializar, renovar ou explodir certos aparelhos.

Tudo o que você pensar se realizará. Se você conhece e sabe usar esses poderes, pode também não conseguir fazer algo que deseja se desconhecer algum fator psicológico dentro de si que ainda está condicionado à matéria, e pode ser que demore um bom tempo até descobrir o que está errado.

Às vezes, simplesmente ainda não está na hora da humanidade conhecer esse poder. Nem por isso, você deve achar que seja impossível, palavra que não existe no vocabulário de Deus.

Aos poucos, você percebe que pode mudar tudo, embelezar a natureza, e assim por diante. Com isso, o portal de saída ou a transformação deste mundo está mais próximo. Usar seus poderes para realizar desejos egoístas ou para prejudicar alguém é contrário a Lei do Amor e, portanto, não é o caminho correto.

Descubra a Verdade e te libertarás. O sonho em que vivemos é criação dos espíritos e a mente de cada um contribui para manter ou alterar os fatores que regem a vida na matéria.

Além de descobrir que esta vida que você tanto preza e à qual é tão apegado não existe, é preciso querer assumir a responsabilidade de cada um dos seus atos. Só assim você acordará e ajudará os outros a fazer o mesmo.

O cientista se restringe ao mundo palpável e visível, enquanto aquele que transcende está no mundo de Deus, ilimitado e perfeito.

O nosso pensamento cria nosso mundo. O inconsciente coletivo determina como é o mundo atual, mas este inconsciente coletivo é manipulado por uma minoria com intenções egoístas e o povo se deixa manipular. Por isso o mundo ainda não melhorou.

O mundo caótico em que vivemos foi criado por nós, coletivamente. A mente cria (somos criaturas criadoras). Os Eloins criaram este planeta conforme a mente deles, tornando-o um paraíso. Como nós não tínhamos a evolução deles, nós destruímos o paraíso para ele se adequar ao nosso nível de vibração e conhecimento.

Este mundo é criação da nossa mente. Se a maioria da humanidade tem pensamentos negativos, o mundo se deteriora no caos, em guerras e degradação do meio ambiente.

Se os pensamentos melhoram e há mais amor, o mundo se recupera. Se a humanidade descobre que está criando, que é criadora, cria consciência da Verdade e o mundo desaparece ou evolui para a luz.

Na verdade, tendo origem divina, nunca deixamos de ser criadores. Mesmo estando na completa inconsciência, apegados apenas ao plano material, continuamos criando.

Este mundo imaginário, esta ilusão que achamos estar vivendo, é criação da nossa mente. Além disso, criamos várias coisas no mundo material (invenções tecnológicas), mas esta é só uma parcela muito pequena e limitada de tudo o que podemos fazer.

Recebemos este planeta pronto, mas nós o transformamos de acordo com o nosso modo de vida, nossos critérios, medos e desejos. Criamos formas-pensamento e se esses pensamentos são iguais para muita gente cria-se o inconsciente coletivo, que altera as condições à nossa volta: o clima, as vibrações no ambiente de trabalho, na cidade, no país e até no planeta inteiro.

O problema dos criadores inconscientes é que eles se deixam manipular por aqueles que sabem como fazer isso, usando principalmente a mídia. Políticos, religiosos e indústrias usam a propaganda e outros meios para influenciar a humanidade e obter os resultados que desejam. É preciso estar ciente da sua capacidade e passar a ser um criador consciente.

Eu sou um agente transformador!

Eu sou Deus agindo na Terra, no plano físico. Eu executo a vontade do Pai, pois Ele age através de mim. Como somos criadores, se acreditarmos numa possibilidade, por mais absurda que ela possa parecer a princípio, nós permitimos que ela se torne real.

Se queremos que o mundo mude precisamos pensar diferente. Criticar as coisas ruins significa apenas que estamos pensando e valorizando as coisas ruins. Isso faz a gente atrair mais coisas ruins.

Temos de mudar nossos pensamentos para mudar os resultados. Se a causa muda, a consequência, obviamente, será diferente. Vamos começar a ver as coisas como gostaríamos que elas fossem. Como vamos ter paz se só pensamos na guerra? É incrível como as pessoas só veem dificuldades à sua frente.

Baseados na crença de que o mundo físico é cheio de obstáculos e dificuldades para resolver qualquer coisa, as pessoas usam isso como desculpa para dizer que algo é difícil ou demorado e para não tentar fazer algo. Se a pessoa diz isso já está decretando que as portas estão fechadas para ela, seja para procurar um emprego, achar o tratamento médico adequado ou qualquer outra coisa.

Ela não percebe que, agindo assim, ela está dificultando a própria vida. Se você pensar em termos globais dá para entender que milhões de pessoas têm o mesmo padrão vibratório de negatividade e, aí, é claro que o mundo fica travado e cheio de obstáculos, mas ninguém, muito menos Deus, decretou que você não pode furar esse bloqueio na hora que quiser. É só não acreditar e não se deixar contaminar por esses pensamentos e energias.

Acreditar que algo pode acontecer é vê-lo no futuro já realizado. Aí, basta agir para que ele se torne realidade. Acreditar de verdade ou ter fé é não ver os obstáculos que as mentes racionais e medrosas veem pela frente.

No caso da oração é a mesma coisa. Se eu orar simplesmente pedindo para que o meu desejo se realize ou que Deus realize esse meu desejo, está implícito o meu medo de que ele possa não se realizar.

A minha insegurança contribui para que nada aconteça. A postura correta ao orar é sentir-se parte do Todo, o mundo de Deus, os elementos, a Terra e o Universo. Se eu desejo que algo se realize eu devo admitir que tenho o poder de comungar com as forças criativas deste e de outros mundos e isto tem que vir do coração e não da mente racional.

Divido um momento sagrado com os poderes da criação e, por meio da prece, planto a semente de uma possibilidade e agradeço a oportunidade de criar um novo resultado.

Ao pedir algo imagino, com toda a minha fé, o fato já realizado. Devo passar um tempo imaginando esse fato com o máximo de detalhes possível. Essa prece não pode impor condições, nem de prazo nem de obrigação de se realizar.

Não determino um prazo fixo, apenas tenho a certeza de que vai se realizar em breve. A fé inabalável de que minha prece realizou algo é a essência da prece. Se ela não for atendida imediatamente, achamos que não funcionou.

Acontece que Deus escolhe como atender a sua solicitação e na hora e local adequado para Ele. A minha prece era apenas uma das inúmeras possibilidades futuras que se apresentavam para mim, desde a pior até a melhor, mas eu escolhi aquela opção que era melhor para mim, aquela que eu queria viver. Eu posso nem perceber quando o pedido é atendido.

A certeza absoluta de que eu fiz o que podia deve me levar a agradecer durante a própria oração por tudo que é e tudo que virá a ser. Após imaginar o pedido realizado é preciso agradecer. Agradecer o atendimento do meu pedido é declarar a certeza de que ele já foi atendido, mesmo que eu só veja o resultado instantes ou dias depois. A criação já está completa.

A nossa prece transforma-se em agradecimento pela oportunidade de escolher, entre as inúmeras possibilidades existentes, aquela que desejamos viver. Por meio da nossa gratidão respeitamos todas as possibilidades e trazemos ao mundo real aquela que queremos. Como eu faço parte da Unidade preciso necessariamente participar da ação, pois eu sou cocriador, eu crio junto com Deus.

Eu não devo esquecer que sempre participo do processo, pois Deus não faz nada sozinho. Eu e Deus agimos juntos, somos um só.

Na verdade, preciso acreditar, e isto é um fato, que <u>eu</u> usei a minha capacidade para determinar aquele fato futuro, mas como nunca fazemos nada sozinhos Deus participa do processo.

Eu só não devo esquecer que eu crio, eu determino o que eu quero, eu faço acontecer. O outro detalhe essencial é que, enquanto aquele fato que eu escolhi não se realizar, eu não posso permitir nenhum pensamento negativo ou de insegurança.

Eu escolhi a opção futura que vai acontecer e só essa ficará em minha mente. Qualquer ideia do tipo "e se algo der errado?", "e se ele não colaborar?", "é muito difícil, acho que não vai dar certo" ou "e se algo atrapalhar?", eu devo afastar imediatamente, voltando a lembrar da imagem que criei na mente ao fazer o pedido e reforço em mim a certeza de que ele se cumprirá.

Não permito que nenhum pensamento negativo e autodestrutivo surja e permaneça na minha mente. Se eu determinei e acredito que tudo vai dar certo, não posso admitir nenhuma possibilidade diferente nem por um segundo, senão os acontecimentos podem mudar parcial ou totalmente. Não existe uma segunda ou terceira opção. Agir assim seria duvidar de mim mesmo e de Deus.

É a minha fé que determina o resultado. Essa forma de orar serve para qualquer situação: uma doença, minha ou de outros, conflitos, projetos, viagens, enfrentamento de perigos, deixar de ter medo e muito mais, mas também para fatos menores como uma dor de cabeça ou de dente, passar numa prova ou ter coragem de falar com alguém.

Tudo o que for desejado, desde que seja com humildade e respeito ao próximo, há de se realizar. O mais incrível é que Jesus veio à Terra há mais de dois mil anos e fez tudo o que é considerado impossível pelos homens comuns. Aí, Ele disse: "Sigam o meu exemplo.". Com isso, Ele quis dizer: "Façam exatamente como eu faço.".

O que os homens fizeram? Até hoje continuam pedindo para Jesus resolver os seus problemas, em vez de fazerem o que Ele fez. Até hoje não têm coragem de fazer e de assumir a responsabilidade pelos seus atos. Por isso, Jesus disse: "Oh, homens de pouca fé.".

Como é difícil mudar esse povo medroso e ignorante, escravo voluntário das religiões e da ciência. Eu disse escravos voluntários, pois ninguém os obriga a continuar cegos. É uma escolha individual de cada um.

Em vez de pedir ao Pai que ajude alguém necessitado, o que é um desejo e, portanto, uma ação dual que pode resultar em alegria ou frustração, decrete que você vai ou já está ajudando aquela pessoa.

Assim, não há mais desejo nem dúvida. Você afirma que faz e algo acontece, pois você agindo é o mesmo que o Pai agindo.

Você está no Pai e o Pai está em você. Isto é ser a Unidade. Dizer algo é agir e aí aquilo é e pronto. Jesus disse: "Vós sois deuses". Aja como se fosse e assumirá seu verdadeiro papel.

Nós somos criadores. Nós não somos vítimas, não somos defeituosos ou pecadores, não precisamos de autoridades e ninguém precisa nos salvar. Não precisamos de livros para decorar.

Precisamos aprender a utilizar a nossa força de vontade e intenção para conceber o nascimento da vida em nós mesmos, no agora. É preciso acordar para a verdadeira vida. Já dormimos demais, há milênios.

O culto exterior (o teatro feito nos templos do mundo todo para os fiéis assistirem) impede ou atrasa a busca interior. Existindo ou não anjos e arcanjos, não devo apelar para que eles me deem aquilo que eu já possuo. Todos os dons e poderes estão em mim, eu sou Deus e eu sou a Unidade. Não estou nela.

Pergunte ao Pai ou ao seu Eu Superior: "O que você deseja que eu faça para cumprir minha missão aqui? O que é melhor para mim e para os outros?".

Torne-se ou faça aquilo que o Pai precisa (e não o que você acha que Ele quer). Torne-se instrumento de Deus. Isto não é submissão, mas uma forma de se tornar UM com Ele, agindo como Ele, Ele agindo em você, SENDO O UM, por amor.

Deus te dá o que você precisa e não o que você quer, pede ou deseja. Aceite o que Deus quer te dar e não o que você deseja. Ele sabe o que é melhor para você.

Pergunte a Deus o que falta para você aprender. Deus precisa de você. Pergunte como você pode ser útil para Ele. Pergunte o que você pode fazer para deixar o Pai mais feliz.

Se algo te deixa feliz, então O deixará também. Para fazer qualquer coisa só precisa de Amor. Se você não quiser perguntar nada, Ele dirigirá você de qualquer maneira, pois, no fundo, você é Ele.

Ele precisa de você porque não vive sem você, você é parte dele. Faça primeiro o que é preciso para depois fazer o que deseja e não o contrário. Faça primeiro o que é necessário, em seguida, o que pode ser feito e, depois, o impossível.

Faça o que precisa ser feito e não o que você quer fazer. Cuidado para não confundir as coisas. Você pode achar que está fazendo o que precisa ser feito, mas, na verdade, ainda faz a sua vontade. Querer reencarnar inúmeras vezes e experimentar a tudo o que a vida material nos oferece de prazeres é nossa vontade e não a de Deus. Fica-se aqui neste mundo enquanto se quer.

Se você quer ajudar alguém basta olhar profundamente nos olhos dele e ele nos seus olhos (olhos nos olhos) e deixar os olhos (as almas) falarem, se expressarem, deixar fluir a energia da alma, o amor e não julgar. Aí, a coisa acontece.

Deus fala através de você sem o uso de palavras e da lógica. Sinta apenas e deixe a alma comandar o seu corpo. Aí, você deixará Deus agir em você e ajudar o próximo da forma correta.

O que acontecer dali para a frente (palavras, gestos etc.) é o que precisa ser feito. Deixe fluir sem analisar.

É preciso envolver e não ser envolvido.

A solução não é a oposição, mas a integração... com amor... na Luz.

"Embora ninguém possa voltar atrás e fazer um novo começo, qualquer um pode começar agora a fazer um novo final."
(Chico Xavier)

Apesar de ser uma bela frase, eu não concordo totalmente com ela. É possível, sim, voltar atrás e fazer um novo começo, pois o tempo não existe, mesmo que aquela primeira história não seja apagada dos registros.

Somente é verdade o que teu espírito vivencia.

Quando modelares a tua alma, quando te cientificares de que somente é verdade aquilo que vivifica teu espírito, então observa o curso geral do mundo e junta-te à minoria.

Não julgue o teu próximo até que estejas em seu lugar. Sempre trate os outros como gostarias de ser tratado.

Não faça nada ao teu próximo que não gostarias que ele fizesse a ti. Faz a todos os homens o que gostaria que fosse feito a ti, e rejeita para os outros o que rejeitarias para ti mesmo.

Não faça ao outro o que você não quer que ele faça a você. Sempre se ponha no lugar do outro quando for fazer algo contra alguém.

Tudo é amor. Com o amor vem a compreensão. Com a compreensão vem a paciência e, então, o tempo para. E tudo é agora. O presente é a eternidade.

Querendo, mentalizamos; mentalizando, agimos; agindo, atraímos; e atraindo, realizamos.

Você é o responsável por tudo nesta vida. Você escolheu voluntariamente entrar neste mundo físico de dualidade, de provas e expiações.

Antes de encarnar escolheu as provas que queria enfrentar ou experimentar. Agora, está reclamando por quê?

Você é como a pessoa que resolve voluntariamente e, até com entusiasmo, entrar numa academia militar e depois reclama que lá o regime é muito rigoroso. Está reclamando por quê? Se ela mesma escolheu e teve tempo suficiente para se informar de como as coisas são lá dentro?

Mas não se esqueça de que, se você é o causador de seus males as soluções também estão em você. Você é o começo e o fim de tudo. Você cria os problemas e você mesmo é capaz de resolvê-los. Assuma essa responsabilidade!

Questione o mundo e os seus conceitos em vez de aceitar tudo o que te dizem e ensinam. Não existe fator externo que justifique os seus problemas. Deixe o seu potencial divino vir à tona.

A causa de todos os seus problemas é você mesmo, mas a solução de todos eles, também está em você. Eis o segredo. Descubra-se a si mesmo, aja e assuma a responsabilidade pelos seus atos e tudo se transformará.

No dia em que você sentir que não precisa mais de banhos de purificação e limpeza de chacras, nem de proteção espiritual, é porque você já está limpo e protegido o tempo todo.

O seu corpo de luz e sua consciência já entraram em sintonia com a Unidade. Mas cuidado! Não pense que já alcançou a perfeição. Cuidado com as recaídas! Orai e vigiai sempre! O ego nos engana.

O próximo teste divino pode vir a qualquer momento.

Você precisa saber que pode continuar vivendo no mundo material, mas sem se importar mais com a forma, os valores e a importância que o resto da humanidade dá a este mundo.

Sempre me perguntei por que as canções populares (samba, música caipira, sertaneja e outras) só falavam em suas letras sobre conflitos amorosos, saudades, paixões não realizadas e casais separados e desiludidos.

Por que não fazer canções que falem de casais felizes, de pessoas que encontraram sua alma gêmea e vivem em harmonia com ela, e assim por diante? Enfim, obtive a resposta.

As pessoas menos evoluídas espiritualmente, que vivem na dualidade e no conflito, só conseguem se relacionar com outras da mesma forma.

Essa é a realidade delas e, mesmo encontrando uma pessoa que as ame, acabam destruindo a relação. Para essas pessoas amor ou paixão são sinônimos de dor e sofrimento. Se essa é a realidade delas, as suas canções só podem refletir esse estado de coisas.

O cantor e compositor é uma pessoa sensível, que capta aquilo que o povo da sua comunidade ou país vive e traduz em versos. Assim, as suas canções agradam por estarem em sintonia com o estado de espírito da maioria.

Se considerarmos que a vida neste plano terreno é só de sofrimento podemos até concordar que o povo está certo. Aqui não se pode esperar nada melhor do que sofrimento e situações que tragam dor de toda ordem, mas para tudo isso há solução. Basta acordar do sonho.

Aprenda o seguinte: quanto mais você doar amor, mais você receberá de Deus. Isso deve acontecer simultaneamente. Basta dar esse comando uma primeira vez e determinar que será sempre assim. Agindo dessa forma, você nunca mais ficará fraco e esgotado por doar energia a alguém.

O mesmo acontece durante a noite, quando sua alma sai do corpo físico e vai trabalhar, doando energia a quem precisa, no dia seguinte, você acordará cansado, portanto, antes de dormir, decrete que isso não acontecerá mais.

Pense se você é capaz de viver longe da sua família; de suportar o calor sem água; o frio sem aquecimento ou roupa adequada; com fome e sem comida e bebida; doente e sem médico; com ferimentos e sem medicamentos; com dor de dente sem dentista; passar por desastres naturais, entre outros causados pelo homem...

Não se engane. Seja honesto consigo mesmo. Pinte o pior cenário à sua mente, e analise a sua capacidade de reagir perante a isso tudo.

O melhor mesmo é testar na prática. Aproveite um fim de semana ou feriado e vá para um lugar sem estrutura nenhuma e tente se virar por lá durante alguns dias, mas sem se estressar com nada, e você descobrirá que você é capaz de mais coisas do que imagina. Basta manter a calma e ser criativo. Lembre-se de que você nunca está sozinho, espiritualmente falando. Peça ajuda e ela virá!

Deus, indo à minha frente, Ele ilumina o meu caminho e me protege, pois Ele é o escudo que me defende. Seja observador, repare nos detalhes, mas não para ser um perfeccionista, meticuloso, detalhista, chato e implicante com os outros.

É para notar os sinais sutis com os quais a vida nos ensina.

A pessoa pouco observadora anda pela vida e não nota a beleza à sua volta, no chão, no céu e na minúscula flor que brota da grama ou do trevo e, assim, perde a ternura e a capacidade de ver a obra do Pai em qualquer coisa; acaba não aprendendo nem reparando nos toques que o mundo quer lhe dar.

Sempre existe a possibilidade de tudo dar certo. Acredite nisso, e aí acontecerá. Mas não se esqueça de que você sempre participa do processo. Você é que faz as coisas acontecerem.

O "impossível" está na sua mente, que é limitada a possibilidades e impossibilidades. O "tudo é possível" está em todo lugar, pois isto é o normal, é o estado do ser integral, que está em Deus.

Eu e o Pai somos uma coisa só, inseparáveis. Se eu não penso, eu já sei que sou perfeito, igual ao Pai. Só a mente dual analisa e julga se eu sou ou não perfeito.

Viva para a liberdade, pois a medida da liberdade de que você dispõe depende da sua responsabilidade. Tenha sabedoria e peça a Deus os instrumentos necessários para cumprir com a sua missão.

Pare aqui e agora! Acorde para a Realidade e quebre o ciclo de reencarnações agora.

Decretar que você já aprendeu tudo o que veio aprender neste planeta e dimensão, e não precisa de mais nada, é abrir a porta para a libertação definitiva, para a Unidade, para a Luz. Eu posso fazer isso? Isso é possível? Claro que é.

A dúvida é do seu ego e não do espírito. O apego, o medo, a sensação de incapacidade é terrena, e não espiritual. Portanto, pare agora de adiar o fim e decida aquilo que está dentro da sua capacidade. Eu posso ser o Amor pleno, que entende tudo e é Um com o Pai. Pare aqui e agora.

Chegou a hora do Despertar da Consciência. A hora é agora! A consciência espiritual é o caminho para a libertação plena. A consciência só desperta pelo Amor.

Viva-o!

No amor, os gestos valem mais do que mil palavras.

A música eleva o espírito, nos faz recordar momentos e épocas. O entusiasmo e o idealismo nos empurram para o futuro e a amizade e o afeto das pessoas que nos rodeiam sustentam-nos em todas as situações de nossas vidas, sejam essa amizade e esse afeto presentes e perceptíveis ou apenas vagas recordações.

A nossa felicidade é feita por nós.

Significa que a nossa felicidade é criada por nós mesmos, através da nossa postura perante a vida, o modo de encará-la, de agir, e de se relacionar com os outros.

Significa também que a nossa felicidade depende principalmente de nós e não dos outros, do ambiente e da influência dos outros sobre nós. Por fim, a felicidade dos outros pode ser influenciada ou obtida por nós, mas depende da postura do outro em relação a essa atitude, isto é, nós podemos contagiar os outros com a nossa felicidade, mas isso também depende da receptividade dos outros.

A felicidade é um estado de espírito e nós é quem determinamos quando queremos ser felizes. É uma decisão pessoal.

O importante não é lembrar-se de uma pessoa, mas tê-la presente em sua mente o tempo todo.

Uma bela flor sempre conservará a sua beleza se nós a regarmos frequentemente, em nossa mente.

Partindo do princípio de que ninguém olha para uma flor murcha, podre e morta, pode-se dizer o seguinte:

Se você vir uma bela flor e, depois, nunca mais vê-la, você pode ter duas atitudes; se você pensar frequentemente nela, você irá imaginá-la sempre bonita, assim como você a viu. Isso é o mesmo que regá-la diariamente para que ela continue bonita, não importando como ela esteja de verdade. Você a rega em sua mente; se, por outro lado, você não pensar mais nela, é como se você deixasse de regá-la e ela tivesse morrido. Então, você também não se importará se ela ainda continua bonita ou se mudou.

No primeiro caso, no entanto, você sempre alimenta a esperança de vê-la bonita. Passando agora para o significado figurado, você pode fazer as mesmas considerações para uma bela garota ou um belo rapaz, que você tenha conhecido.

Se você não tem a chance de encontrá-lo, mas sempre pensa nele, você conserva aquela bela imagem dele e insiste em conservá-la, isto é, "regá-la".

Mas, se você não pensar mais nele, será como se ele tivesse desaparecido deste mundo, não importando se ele continua bonito, se mudou ou morreu. Para você, ele não existe mais. Uma flor que murchou também não existe mais. Ninguém repara nela.

É preciso regar o amor todos os dias.

Na vida conjugal, é preciso "regar o amor" todos os dias, com pequenos, mas preciosos gestos de carinho, para não desgastar o amor com a rotina do dia a dia. Se esses atos espontâneos não exigem um esforço extra de sua parte, é porque o verdadeiro amor ainda está vivo em você.

A natureza fala por si mesma.

Pássaro que canta em gaiola é escravo subjugado, é prisioneiro conformado, é fera domada.

Um pássaro que é preso e volta a cantar já se conformou com a gaiola e já está feliz o suficiente para cantar. Ele é como o prisioneiro ou o escravo que já não se revolta mais com o estado em que se encontra.

Cada um há de achar o *seu* caminho no *seu* deserto.

A vida pode ser representada por um deserto, onde cada um deve enfrentar dificuldades diferentes. Seja o caso de suportar o calor escaldante, a areia nos pés, a fartura do oásis, os aclives e declives, os animais, a fome e a sede, os ladrões etc.

Cada um deve procurar o seu caminho e só ele pode decidir sobre como enfrentar as dificuldades e alcançar seus objetivos, como se estivesse só no deserto.

Nós afirmamos tantas coisas como se fossem verdades absolutas, quando não passam de grãos da verdade universal, quando muito.

Ser poeta é saber traduzir os sentimentos em palavras, é saber criar imagens com palavras, é penetrar conscientemente no mundo dos sonhos.

A liberdade está em cada um de nós, mas jamais num todo. A liberdade não existe como um todo, mas somente em nós mesmos.

Cada um deve procurar a liberdade em si mesmo.

A liberdade tão pregada para uma nação inteira não existe. Cada um faz a sua liberdade ou a sua prisão e na hora que ele quiser. Liberdade é um estado de espírito que vem de dentro, do íntimo, apesar de parcialmente condicionado às influências do meio. Assim como uma pessoa pode se sentir livre num ambiente repressor, outra pode se sentir vigiada e controlada em um ambiente de total liberdade.

Todo o bem que fazemos é pouco. Devemos fazer sempre mais, enquanto todo mal que fazemos é grande demais. Só existe uma coisa pior do que trabalhar: é não trabalhar.

Na verdade, eu quero dizer: Viva o trabalho! Viva a Lei do Trabalho, criada pelo Pai, que determina que todo homem deve trabalhar sempre, em troca de remuneração ou não, desde que não prejudique o seu próximo. Trabalhar, isto é, exercer uma atividade é fator de equilíbrio e o único caminho para a evolução consciente.

As maiores vitórias se obtêm conquistando o inimigo com as suas ideias, isto é, convencendo-o de que seus objetivos são os mais certos. Você não deve querer o que não cabe nos seus olhos, isto é, no seu campo de visão.

Significa que você não deve querer fortuna e poder que abranjam um espaço maior do que aquele que vai até o horizonte ou até onde a tua vista alcance, pois nesse espaço já cabe muito dinheiro, terras (fazenda), minas ou indústrias que assegurem a sua sobrevivência. Tudo o que passar disso é ganância.

O poder (domínio) sobre as pessoas, além do que você vê, também é ambição desmedida. Se todos seguirem essa regra simples, a paz e a harmonia entre os povos poderiam ser alcançadas.

Quem quer aprender não precisa de escola, mas de força de vontade. *Significa que, mesmo que alguém não tenha a chance de ir à escola, com força de vontade, é possível estudar em casa, em cursos, ou com os mestres da vida, adquirindo os conhecimentos necessários para vencer na vida. Querer é poder.*

Para ficar famoso não basta existir, é preciso agir. Não pense, apenas, aja.

Não basta pensar, é preciso agir.

Querendo esclarecer uma dúvida, nunca faça uma pergunta só, nem duas, mas sempre três.

Se você faz somente uma pergunta, não pensou o bastante na dúvida. Se faz duas perguntas, está questionando apenas os extremos. Fazendo três perguntas, você questionará os prováveis extremos e, ainda, o meio-termo. Além disso, conseguindo formular três questões, demonstrará que pensou bastante sobre o assunto.

Uma ponte pode ser transposta com poucos passos resolutos, mesmo que se tenha medo de altura ou de que a ponte caia. Mas pessoas realmente decididas a se encontrarem conseguem isso até mesmo sem pontes.

Existem barreiras que são feitas para serem transpostas e outras que devem permanecer onde estão para cumprir o papel a que se destinam.

Nas nossas vidas existem três tipos de muros:

Os que devem ser pulados ou derrubados;

Os que devem permanecer intransponíveis;

Os que nós mesmos erguemos.

Os dois últimos devem ser questionados, mas, às vezes, a voz da razão diz que eles devem permanecer onde estão.

O maior bem que uma pessoa pode fazer a outra é demonstrar que ela merece ser lembrada.

Um gesto de carinho, o amor aplicado na prática, é o melhor remédio para qualquer doença.

Para alegrar uma pessoa não é preciso recobri-la de presentes, agrados e elogios. Às vezes, basta saber tocar no ponto certo fazendo um gesto, um carinho, dizendo as palavras adequadas. O segredo está em saber descobrir o que a pessoa quer naquele momento.

Lute pela vida, mas não se desespere com a morte.

Nunca diga nunca, mas reflita bem sobre o "nunca" que você ia falar. Pense bem sobre aquilo que você ia dizer que "nunca mais ia fazer" ou "o que nunca ia acontecer com você".

As pegadas no chão, a gente deixa, não para achar o caminho de volta, mas para não pisar em falso novamente.

As pegadas ou rastros (fatos ou lembranças do passado) a gente deixa, isto é, não apaga ou tenta apagar da memória, querendo dizer que não devemos tentar apagar ou esquecer nosso passado.

Não para achar o caminho de volta, isto é, não para tentar viver de novo um passado que já não volta mais. Também não adianta viver com saudades desse passado esquecendo de viver o presente ou então ficar a vida inteira lamentando erros ou desgraças do passado.

As marcas do passado, que estão gravadas em nossa memória, devem permanecer vivas para não voltarmos a errar ou nos iludir da mesma forma no futuro.

A ciência veio desfazer a ilusão criada por religiões, magos e crenças populares durante milênios.

A ciência veio mostrar que tudo tem explicação. Uma miragem ou visão estranha é apenas uma ilusão de ótica ou refração da luz, e assim por diante.

A ciência só não avança mais, porque não se uniu à espiritualidade, e seus métodos são limitados. O espiritualismo é o passo seguinte para tirar os véus que ainda restam e, assim, estabelecer a Verdade.

O que eu preciso é alcançar o cume da montanha que parece ser impossível de escalar por causa das paredes escorregadias e escarpas sem local de apoio. Mas, se eu procurar, acharei um caminho.

Cada patamar que eu alcançar será uma etapa vencida. Entretanto, vencida uma etapa, não devo olhar para baixo e dizer "Puxa, como sou poderoso! Eu sou fantástico por ter chegado até aqui". Devo olhar para o alto e perguntar: "O que eu preciso fazer para chegar até o pico?".

O cume da montanha é a meta de elevação espiritual que devo tentar alcançar por determinação de Deus. As paredes escorregadias e sem apoio são os obstáculos e também as dúvidas e medos, isto é, dificuldades que eu mesmo criei.

Os patamares, ou plataformas da montanha, são as paradas ao fim de uma jornada (período de luta ou uma vida terrena). Após uma etapa não devo me encher de orgulho pelo que conquistei e me julgar superior a outras pessoas, que ainda não conseguiram chegar lá.

Devo manter a humildade e admitir que, acima de mim, tem gente que sabe mais, e tenho muita luta pela frente. Mas também não devo me deixar intimidar com as dificuldades futuras ou me sentir cansado pelo que já enfrentei antes.

Basta dizer que se fui capaz de chegar até aquele ponto, também conseguirei continuar a escalada, mesmo que, no momento, não veja como.

Lembre-se de que você já teve o mesmo dilema no início da etapa anterior e achou uma solução. *O meu tempo é muito precioso, por isso, ele não é pago com moedas, e sim com a minha elevação espiritual.*

Com isso, eu quero dizer que, se as condições de vida ao meu redor piorarem, será melhor para o meu aprendizado, para a minha evolução espiritual, pois eu já entendi que aprendo com os desafios que a vida me oferece.

Se os testes da vida forem mais rigorosos, eu aprenderei mais e vou evoluir mais rápido. A vida me ensinou que aprendo mais com as dores e com as dificuldades maiores e não reclamo delas.

Passamos a vida inteira pedindo facilidades para Deus. Quando é que vamos passar a pedir dificuldades? *Nós só alcançamos realmente a consciência, e evoluímos para a luz enfrentando os desafios e não os evitando.*

Está mais do que na hora de compreendermos que viemos a este mundo para sofrer (foi escolha voluntária do espírito), e somente sentindo a dor é que seremos levados a nos superar.

Se toda a história humana tem nos mostrado isso, por que é que ainda não aprendemos? Será que é por que não queremos refletir e deixamos que alguns poucos façam isso por nós e, depois, aceitamos as suas conclusões e manipulações?

Quem só deseja conforto, proteção da natureza e dos homens insanos, e não quer passar por nenhuma dor mais forte, não quer evoluir e valoriza apenas o corpo físico como bem mais precioso nesta vida.

Para quem já criou consciência e sabe que tem muito ainda a aprender; quem quer ser útil; pede por experiências mais difíceis e desafios maiores; não se importa com as opiniões contrárias; e com alguns ferimentos de vez em quando, já tem a certeza de que tudo isso só serve para o seu aprendizado em pouco tempo e a ser útil à humanidade.

Pela justiça divina você sempre enfrentará as provas que condizem com o seu nível de evolução. Aumentar o sofrimento na minha vida é uma opção, mas o aprendizado só tende a aumentar. Eu sofro se eu quiser, mas aprender eu sempre vou, querendo ou não.

A única grande barreira que temos de superar para vencer na vida é a que está na nossa própria cabeça, pois os obstáculos materiais conseguimos eliminar sempre.

"Passarão areias, redes, barcos. As palavras que pesquei nas luzes com que Deus me ilumina, essas nunca hão de passar."

Não mate a natureza hoje, para não morrer amanhã.

Faça o que te apraz, mas não prejudique quem vem atrás. Eu apoio os mais sábios, mas não os prepotentes.

O mestre ou dirigente sábio não manda, sugere.

As águas turvas voltam a se acalmar quando os bons ares e a clareza de intenções surgem no horizonte.

Viva a vida em plenitude.

Você é pleno.

Você não é um acaso, e nada do que te acontece está ao acaso.

Aproveite cada lição, cada situação, cada momento de sua vida para despertar o que realmente você é.

"Você é um espírito eterno e imortal,
tenha plena consciência disso."

Seja feliz...

Fim

BOOK ESPÍRITA
EDITORA

Esta obra foi composta na fonte Century751 No2 BT, corpo 12.
Rio de Janeiro, Brasil.